Verdadera Devoción

a la Santísima Virgen María

SAN LUIS MARÍA DE MONTFORT

MONTFORT PUBLICATIONS

Ad Jesum per Mariam

Montfort Publications
26 South Saxon Avenue
Bay Shore, NY 11706

MontfortPublications.com

Con Lincencia Eclesiástica

Traducción original Colombiana © Ediciones Montfortianas
Centro Mariano Montfortiano
Dir. P. Gonzalo Tabares Builes
Carrera 11 B No. 12-56 Sur
Bogotá, D.C., Colombia
centromariano@hotmail.com

ISBN: 9781072205821

Diseño del libro y la cubierta por David Lopez
Foto de la cubierta © 2011 Hugh Gillespie, S.M.M.

Printed in Canada

TRATADO DE LA VERDADERA DEVOCIÓN A LA SANTÍSIMA VIRGEN

PREPARACIÓN DEL REINADO DE JESUCRISTO

❦

PRESENTACIÓN

Esta es la obra más característica de San Luis María de Montfort y la que más lo ha hecho conocer en el mundo. En el No. 110 del libro su autor mismo establece las perspectivas: "Estoy escribiendo lo que durante tantos años he enseñado en mis misiones pública y privadamente con no escaso fruto". De su afirmación se deducen la naturaleza, los destinatarios y aún la fecha del escrito.

Es una enseñanza práctica de la misión, cuyo objetivo es descubrir la función de la Virgen María en el plan divino de la salvación y en la vida bautismal y apostólica del cristiano. Está dirigida a un público muy amplio, aunque es un secreto revelado "de modo especial a los humildes y sencillos" (VD 26) "como el mejor medio y el secreto más maravilloso para adquirir y conservar la divina Sabiduría" (ASE 203).

No se tienen datos para fijar la fecha precisa de composición, pero el hecho de que Montfort aluda a una experiencia de "tantos años" hace suponer que la propone por escrito hacia el final de su carrera misionera. Tradicionalmente se ubica en 1712 pensando que Luis María pudo aprovechar su descanso obligado durante el invierno 1710-1711 en Nantes para ordenar el plan de la obra y que el otoño de 1712, pasado en la ermita de San Eloy, hubiera sido el tiempo propicio para escribir, quizá con un complemento de varios meses de retiro en la segunda mitad de 1715 en la gruta de Mervant.

Como previsto por su autor, el manuscrito estuvo sepultado "en las tinieblas y el silencio de un cofre" (VD 114), escondido en alguna casa de campo aledaña a la capilla de San Miguel, en San Lorenzo, para escapar a las embestidas de la Revolución. Pasada la misma, el cofre fue llevado a la biblioteca de la Compañía de María en la Casa Madre. Allí permaneció el manuscrito olvidado hasta el 29 de abril de 1842 cuando fue descubierto y comenzó su divulgación de obra maestra, como uno de los libros más universalmente conocidos y apreciados del catolicismo contemporáneo, y uno de los que más han contribuido a fomentar la piedad cristiana en el mundo entero.

Cuando se encontró el volumen, aunque todas sus hojas estaban separadas unas de otras, todas estaban bien conservadas, pero faltaban algunas del primer fascículo y otras del último. Esta pérdida irreparable parece haber sucedido antes del descubrimiento del manuscrito. Por la constitución de los fascículos se calcula que faltan de 84 a 96 páginas iniciales que entre otras cosas contendrían: un método para vaciarse durante 12 días del espíritu contrario al de Jesucristo (VD 227), las letanías y oración del Espíritu Santo (VD 228) y algunas prácticas de desprecio del mundo (VD 256).

Las páginas finales perdidas tendrían la fórmula de consagración y la bendición de las cadenillas. El resto es imposible saberlo, pero no parece afectar el desarrollo del tema mariano. La primera publicación del Tratado se hizo en 1843, 127 años después de muerto su autor. Desde entonces ha sido difundido en muchas lenguas y en multitud de ediciones que se suceden de manera sorprendente hasta en lugares muy remotos del mundo. La más importante ha sido la reproducción fotográfica del manuscrito hecha en 1942, en el centenario del descubrimiento. Está acompañada por una presentación manuscrita del Papa Pío XII quien el 20 de julio de 1947 canonizó a Luis María Grignion de Montfort.

Desaparecido el título original en las páginas perdidas, quienes prepararon la primera edición optaron por titular la obra: *Tratado de la Verdadera Devoción a la Santísima Virgen*. Como subtítulo ya se generalizó el propósito que Montfort mismo da de su obra en el No. 227: *Preparación al Reinado de Jesucristo*. La numeración marginal por parágrafos se hizo por primera vez en la edición italiana de 1919 y ha sido acogida universalmente.

Como fuentes de su obra San Luis María reconoce en el No. 118 que ha leído ampliamente libros concernientes a la Santísima Virgen y que ha estado en contacto con las personas más santas y sabias de los últimos tiempos que hablan de ello. Pero la mayor riqueza del texto fluye de la Sagrada Escritura y de los Santos Padres y en general de la Tradición viva de la Iglesia, a través de la profunda experiencia espiritual y mística de Luis María y de la madurez probada de su práctica misionera. De ello dan fe los abundantes apuntes de su Cuaderno de Notas. La fuerza transformadora del camino espiritual que revela San Luis María está en el secreto que el Altísimo le ha enseñado (SM 1) y "cuya esencia consiste en el interior que tal devoción debe formar... a quien el Espíritu Santo de Jesucristo revele este secreto y lo conduzca por sí mismo para hacerlo avanzar de virtud en virtud, de gracia en gracia, de luz en luz, hasta transformarlo en Jesucristo y llevarlo a la plenitud de su madurez sobre la tierra, y a la perfección de su gloria en el cielo" (VD 119).

Lo que hizo pues Luis María de Montfort fue darle nuevas perspectivas a una devoción ya conocida y promovida por otros autores. La experiencia vivida por el misionero de manera personal e íntima es para él criterio de eficacia espiritual, reforzada de manera probada por prácticas interiores y exteriores que él propone.

Hoy algunas expresiones y términos literarios tienen que ser interpretados conforme a las sensibilidades de los tiempos y adaptados a la percepción diferente de las culturas de los pueblos, con los aportes nuevos: bíblicos, teológicos, antropológicos y en general de las ciencias humanas. Pero el sentir de la Iglesia Universal, es decir, del Concilio Vaticano II, del magisterio de los Papas y obispos, del testimonio de infinidad de personas formadas en el sacerdocio, la vida consagrada, el compromiso bautismal de los laicos, particularmente en América Latina y el Caribe, sobre la solidez de la doctrina expuesta en el Tratado y la validez de su eficacia, es cada vez más claro y significativo. Y reconoce en Montfort a uno de los apóstoles e intérpretes más autorizados de la presencia y función de María en el misterio de Cristo y de la Iglesia.

En síntesis, el interés suscitado por el Tratado se debe a un conjunto de características que hace de él un libro denso de significado y valores: estilo claro y conciso, lenguaje sencillo y popular, doctrina sólida y profunda, tono convincente e inspirado, testimonio de vida y experiencia apostólica.

Movido por su "amor innato a María" y sensible a las objeciones de sus condiscípulos en San Sulpicio, que le reprochan el divinizar a la Santísima Virgen y amarla más que a Jesucristo, Montfort ensancha sus perspectivas y las de todos los discípulos de Jesús para interpretar y superar la crisis religiosa de su tiempo y de tiempos nuevos y complejos como el comienzo del Tercer Milenio.

En una gran apertura y seguridad de espíritu, el santo misionero afina su visión del misterio cristiano y acepta las nuevas exigencias teológicas que enmarcan la humildad y los privilegios de María en la grandeza absoluta de Dios y en la única mediación de Cristo que ilumina la verdadera devoción mariana y condena las falsas devociones (Ver VD 61-62). "Al poner a la Madre de Cristo en relación con el misterio trinitario, Montfort me ayudó a comprender que la Virgen pertenece al plan de la salvación por voluntad del Padre, como Madre del Verbo encarnado, que concibió por obra del Espíritu Santo. Toda intervención de María en la obra de regeneración de los fieles no está en competición con Cristo, sino que deriva de él y está a su servicio. La acción que María realiza en el plan de la salvación es siempre cristocéntrica, es decir, hace directamente referencia a una mediación que se lleva a cabo en Cristo" , JUAN PABLO II.

Montfort parte pues de la doctrina de la Iglesia acerca de la devoción mariana; subraya su difusión y un mejor conocimiento de María para que Cristo reine en el mundo; resalta el plan de Dios Padre, Hijo y Espíritu Santo, que ha querido "comenzar y culminar sus mayores obras por medio de la Santísima Virgen", y concluye que por la función de María en el plan divino, la devoción mariana es necesaria a los hombres para alcanzar la salvación". Al presentar la verdadera devoción a María, San Luis María quiere llevarnos a abrazar la forma "mejor y más santificadora" de vivir los compromisos cristianos por la consagración de amor a Cristo por las manos maternales de María. Todo tiene una eficacia superior de santificación y se resume en obrar siempre por María, con María, en María y para María.

El Concilio Vaticano II en el capítulo VIII de la constitución dogmática de la Iglesia validó como plenamente actual la oferta espiritual de Montfort tan rica en contenidos y elementos perennes a los cuales se seguirán incorporando "los nuevos datos doctrinales de la reflexión teológica y del magisterio eclesiástico", PABLO VI.

Según el gran teólogo GARRIGOU-LAGRANGE, "la idea maestra de la maternidad espiritual de María anima todo el libro que se desarrolla, no en forma mecánica por la yuxtaposición de sus partes, sino de manera orgánica, como crece un ser vivo. Se siente que su autor está tan plenamente poseído de su tema, que podría hablar de él sin detenerse y sin fatiga, y que todo lo que dijera no agotaría la fuente, y seguiría siendo inferior a las bellezas que percibe".

"Montfort es el maestro por excelencia de la devoción mariana. En su Tratado de la Verdadera Devoción a la Santísima Virgen, la devoción de las élites y la devoción de las masas se encuentran y se funden en una sola": HENRI BREMOND.

"María aparece…, como espacio de amor y de acción de las Personas de la Trinidad, y Montfort la presenta en una perspectiva relacional: "María es totalmente relativa a Dios, y yo la llamaría muy bien la relación con Dios, la que sólo existe en relación con Dios" (VD 225). Por esta razón la Toda Santa lleva hacia la Tri-

5

nidad. Repitiéndole a diario Totus tuus y viviendo en sintonía con ella, se puede llegar a la experiencia del Padre mediante la confianza y el amor sin límites (ver VD 169 y 215), a la docilidad al Espíritu Santo (ver VD 258) y a la transformación de sí según la imagen de Cristo (ver VD 218-221)".[1]

ESQUEMA DEL TRATADO

---

[1] Juan Pablo II en Roma, *L'osservatore Romano* No. 43 del 27 de octubre de 2000, Edición en lengua española.

TRATADO DE LA VERDADERA DEVOCIÓN A LA SANTÍSIMA VIRGEN

PREPARACIÓN DEL REINADO DE JESUCRISTO

~~~~~

INTRODUCCIÓN

MARÍA EN EL DESIGNIO DE DIOS

1 Por medio de la Santísima Virgen María vino Jesucristo al mundo y también por medio de Ella debe reinar en el mundo[1].

---

[1] Este es el tema que el P. DE MONTFORT desarrolla en toda la obra. En la que aparecen ecos frecuentes de esta misma frase (ver 13, 22, 49, 83,158, 217, 272; ver SM 58). La idea, a su vez, reaparece en tantas y tantas páginas monfortianas: María ha recibido a Cristo del Padre para entregarlo a los hombres... Ella es, por otra parte, el camino real y directo que nos conduce a Jesucristo (ver Nos. 152-168). EL PAPA JUAN PABLO II, en su encíclica *La Madre del Redentor* nos presenta a María como quien "precede" a la venida de Jesús y la prepara (No. 3), como quien "precede" también a la Iglesia convirtiéndose en su modelo y prototipo (No. 5), como quien nos "precede" a cada uno en particular en el camino de la fe (Nos. 27-28) y de la historia (No. 49) a fin de que nuestro encuentro con Cristo sea cada vez más íntimo y perfecto (No. 21). Ella, en efecto, recibe del Padre al Hijo de Dios (No. 39): "Singularmente unida a El (Cristo) en su primera venida por su cooperación constante lo estará también a la espera de la segunda" (No. 41).

1. MARÍA ES UN MISTERIO

1. A causa de su humildad

2 La vida de María fue oculta. Por ello, el Espíritu Santo y la Iglesia la llaman *alma mater*: Madre oculta y escondida. Su humildad fue tan profunda, que no hubo para Ella anhelo más firme y constante que el de ocultarse a sí misma y a todas las creaturas para ser conocida solamente de Dios.

3 Ella pidió a Dios pobreza y humildad. Y Él, escuchándola, tuvo a bien ocultarla en su concepción, nacimiento, vida, misterios, resurrección y asunción a casi todos los hombres. Sus propios padres no la conocían. Y los ángeles se preguntaban con frecuencia uno a otro: *¿Quién es ésta?* (Cant 8,5)[2]. Porque el Altísimo se la ocultaba. O, si algo les manifestaba de Ella, era infinitamente más lo que les encubría.

2. Por disposición divina

4 Dios Padre -a pesar de haberle comunicado su poder[3] consintió que no hiciera ningún milagro –al menos portentoso– durante su vida. Dios Hijo –a pesar de haberle comunicado su sabiduría– consintió en que Ella casi no hablara. Dios Espíritu Santo –a pesar de ser Ella su fiel Esposa– consintió en que los apóstoles y evangelistas hablaran de Ella muy poco y sólo en cuanto era necesario para dar a conocer a Jesucristo.

3. Por su grandeza excepcional

5 María es la excelente obra maestra del Altísimo, quien se ha reservado para sí el conocimiento y posesión de Ella.

---

2   "El conocimiento de la verdadera doctrina católica sobre la Virgen María será siempre la llave exacta de la comprensión del misterio de Cristo" (Pablo VI, Nov. 21, 1964; ver LG 66).

3   El autor insiste en el poder de María que es: a) Señora de la Sabiduría (ASE 205); b) Reina del cielo y de la tierra (VD 7.38.76...); c) Reina de los Corazones (VD 38). "La que en la Anunciación se definió como esclava del Señor... es glorificada como Reina universal" (R Mat 41).

María es la Madre admirable del Hijo, quien tuvo a bien humillarla y ocultarla durante su vida, para fomentar su humildad, llamándola mujer (ver Jn 2,4; 19,26)[4], como si se tratara de una extraña, aunque en su corazón la apreciaba y amaba más que a todos los ángeles y hombres. María es la *fuente sellada*, en la que sólo puede entrar el Espíritu Santo, cuya Esposa fiel es Ella. María es el santuario y tabernáculo de la Santísima Trinidad, donde Dios mora más magnífica y maravillosamente que en ningún otro lugar del universo, sin exceptuar los querubines y serafines; a ninguna creatura, por pura que sea, se le permite entrar allí sin privilegio especial.

6   Digo con todos los santos que la excelsa María es el paraíso terrestre del nuevo Adán (Ver Gén 2,8)[5], quien se encarnó en El por obra del Espíritu Santo para realizar allí maravillas incomprensibles. Ella es el sublime y divino mundo de Dios, lleno de bellezas y tesoros inefables. Es la magnificencia del Altísimo[6], quien ocultó allí, como en su seno, a su Unigénito, y con Él lo más excelente y precioso. ¡Oh! ¡Qué portentos y misterios ha ocultado Dios en esta admirable creatura, como Ella misma se ve obligada a confesarlo –no obstante su profunda humildad–: *¡El Poderoso ha hecho obras grandes por mí!* (Lc 1,49). El mundo los desconoce, porque es incapaz e indigno de conocerlos.

7   Los santos han dicho cosas admirables de esta ciudad santa de Dios[7]. Y según ellos mismos testifican, nunca han estado tan elocuentes ni se han sentido tan felices[8] como al

---

[4] Una visión más positiva y actual nos la ofrece el Documento de Puebla al decirnos que "María es garantía de la grandeza femenina; muestra la forma específica de ser mujer..." (No. 299). María, la mujer sabia (ver Lc 2,19.51), es la mujer de la salvación que puso toda su feminidad al servicio de Cristo y de su obra salvadora (ver Gál 4,4-6; LG 56).

[5] VD 18.248.261.

[6] Ver VD 17.18.23-25.248.

[7] Ver VD 48.261.

[8] SAN BERNARDO decía: "Nunca me siento tan contento ni temeroso como cuando debo hablar de la gloria de la Virgen María".

hablar de Ella. Todos a una proclaman que la *altura* de sus méritos, elevados por Ella hasta el trono de la divinidad, es inaccesible; la *anchura* de su caridad, dilatada por Ella más que la tierra, es inconmensurable; la *grandeza* de su poder, que se extiende hasta sobre el mismo Dios, es incomprensible (ver Ef 3,18; Ap 12,15-16); y, en fin, que la *profundidad* de su humildad y de todas sus virtudes y gracias es un abismo insondable. ¡Oh altura incomprensible! ¡Oh anchura inefable! ¡Oh grandeza sin medida! ¡Oh abismo impenetrable!

8 Todos los días, del uno al otro confín de la tierra, en lo más alto del cielo y en lo más profundo de los abismos, todo pregona y exalta a la admirable María. Los nueve coros angélicos, los hombres de todo sexo, edad, condición, religión, buenos y malos, y hasta los mismos demonios, de grado o por fuerza se ven obligados -por la evidencia de la verdad- a proclamarla bienaventurada.

Todos los ángeles en el cielo –dice San Buenaventura– le repiten continuamente: "¡Santa, santa, santa María! ¡Virgen y Madre de Dios!", y le ofrecen todos los días millones y millones de veces la salutación angélica: *Dios te salve, María...*, prosternándose ante Ella y suplicándole que, por favor, los honre con alguno de sus mandatos. "San Miguel –llega a decir San Agustín–, aún siendo el príncipe de toda la milicia celestial, es el más celoso en rendirle y hacer que otros le rindan toda clase de honores, esperando siempre sus órdenes para volar en socorro de alguno de sus servidores".

9 Toda la tierra está llena de su gloria. Particularmente entre los cristianos, que la han escogido por tutela y patrona de varias naciones, provincias, diócesis y ciudades. ¡Cuántas catedrales consagradas a Dios bajo su advocación! ¡No hay iglesia sin un altar en su honor ni comarca ni región donde no se dé culto a alguna de sus imágenes milagrosas y se obtenga toda clase de bienes! ¡Cuántas cofradías y congregaciones en su honor! ¡Cuántos institutos religiosos colocados bajo su nombre y protección! ¡Cuántos congregantes en las asociaciones piadosas, cuántos religiosos en todas las órdenes religiosas! ¡Todos publican sus alabanzas y proclaman sus misericordias![9]. No hay siquiera un pequeñuelo que, al balbucir el *avemaría*, no la alabe. Ni apenas un pecador que, en medio de su obstinación, no conserve una chispa de confianza en Ella. Ni siquiera un solo demonio en el infierno que, temiéndola, no la respete.

2. MARÍA NO ES SUFICIENTEMENTE CONOCIDA

10 Es, por tanto, justo y necesario repetir con los santos: DE *MARÍA NUNQUAM SATIS*[10]: María no ha sido aún alabada, ensalzada, honrada y servida como debe serlo. Merece mejores alabanzas, respeto, amor y servicio.

11 Debemos decir también con el Espíritu Santo: *Toda la gloria de la Hija del rey está en su interior* (Sal 45 (44),14, Vulgata). Como si toda la gloria exterior que el cielo y la tierra le tributan a porfía fuera nada en comparación con la que recibe interiormente de su Creador, y que es desconocida de creaturas insignificantes, incapaces de penetrar el secreto de los secretos del Rey.

12 Debemos también exclamar con el Apóstol: *El ojo no ha visto, el oído no ha oído, a nadie se le ocurrió pensar...* (1Cor 2,9) las bellezas, grandezas y excelencias de María, milagro de los milagros de la gracia, de la naturaleza y de la gloria. "Si quieres comprender a la Madre -dice un santo-, trata de comprender al Hijo, pues Ella es la digna Madre de Dios".

¡Enmudezca aquí toda lengua!

---

[9] Hay tantos y tantos lugares y personas que llevan su nombre. "Jardín de María" llamaba Pío XII a Colombia por sus templos y santuarios marianos que esmaltan la geografía de la patria. ¿Lo es también por su presencia en nuestros hogares y corazones?

[10] Con letras tres veces más grandes que las otras escribió el P. de Montfort este aforismo, que significa: "Nunca se alabará demasiado a María".

3. HAY QUE CONOCER MEJOR A MARÍA

13 El corazón me ha dictado cuanto acabo de escribir con
alegría particular para demostrar que la excelsa María ha
permanecido hasta ahora desconocida y que ésta es una
de las razones de que Jesucristo no sea todavía conocido
como debe serlo[11]. De suerte que, si el conocimiento y
reinado de Jesucristo han de dilatarse en el mundo -como
ciertamente sucederá-, esto acontecerá como consecuencia
necesaria del conocimiento y reinado de la Santísima
Virgen, quien lo trajo al mundo la primera vez y lo hará
resplandecer la segunda[12].

---

[11] Se trata de un conocimiento experimental, de confianza y familiaridad de la
persona misma de María (Ver LG 67).
[12] "El conocimiento de la verdadera doctrina católica sobre la Virgen María será
siempre la clave exacta de la comprensión del misterio de Cristo" (Pablo VI,
Nov. 21, 1864; ver LG 66).

PRIMERA PARTE

MARÍA EN LA HISTORIA DE LA SALVACIÓN

NECESIDAD DEL CULTO A MARÍA

14 Confieso con toda la Iglesia que, siendo María una simple creatura salida de las manos del Altísimo, comparada a la infinita Majestad de Dios, es menos que un átomo, o mejor, es nada, porque sólo El es *El que es* (Ex 3,14). Por consiguiente, este gran Señor, siempre independiente y suficiente a sí mismo, no tiene ni ha tenido absoluta necesidad de la Santísima Virgen para realizar su voluntad y manifestar su gloria[13]. Le basta querer para hacerlo todo.

15 Afirmo, sin embargo, que -dadas las cosas como son-, habiendo querido Dios comenzar y culminar sus mayores obras por medio de la Santísima Virgen desde que la formó, es de creer que no cambiará jamás de proceder; es Dios, y no cambia ni en sus sentimientos ni en su manera de obrar (Ml 3,6; Rom 11,29; Heb 1,12).

CAPÍTULO I

MARÍA EN EL MISTERIO DE CRISTO

1.   EN LA ENCARNACIÓN

16 Dios Padre entregó su Unigénito al mundo solamente por medio de María. Por más suspiros que hayan exhalado los patriarcas, por más ruegos que hayan elevado los

---

[13] La presencia de María en el misterio de la salvación se debe al beneplácito de Dios; ver LG 60; VD 39.

profetas y santos de la antigua ley durante cuatro mil años a fin de obtener dicho tesoro, solamente María lo ha merecido y ha hallado gracia delante de Dios por la fuerza de su plegaria y la elevación de sus virtudes. El mundo era indigno –dice San Agustín– de recibir al Hijo de Dios inmediatamente de manos del Padre, quien lo entregó a María para que el mundo lo recibiera por medio de Ella.

Dios Hijo se hizo hombre para nuestra salvación, pero en María y por María.

Dios Espíritu Santo formó a Jesucristo en María, pero después de haberle pedido su consentimiento por medio de uno de los primeros ministros de su corte[14].

2. EN LOS MISTERIOS DE LA REDENCIÓN

17 Dios Padre comunicó a María su fecundidad, en cuanto una pura creatura era capaz de recibirla, para que pudiera engendrar a su Hijo y a todos los miembros de su Cuerpo místico.

18 Dios Hijo descendió al seno virginal de María como nuevo Adán a su paraíso terrestre para complacerse y realizar allí secretamente maravillas de gracia.

Este Dios-hombre encontró su libertad en dejarse aprisionar en su seno; manifestó su poder en dejarse llevar por esta jovencita; cifró su gloria y la de su Padre en ocultar sus resplandores a todas las creaturas de la tierra para no revelarlos sino a María; glorificó su propia independencia y majestad, sometiéndose a esta Virgen amable en la concepción, nacimiento, presentación en el templo, vida

---

[14] "Es sumamente conveniente que los ejercicios de piedad a la Virgen María expresen claramente la nota trinitaria" (ver MC). El P. de Montfort nos ofrece aquí sólido fundamento para esta orientación.

oculta de treinta años, hasta la muerte, a la que Ella debía asistir, para ofrecer con Ella un solo sacrificio y ser inmolado por su consentimiento al Padre eterno, como en otro tiempo Isaac, por la obediencia de Abrahán, a la voluntad de Dios. Ella le amamantó, alimentó, cuidó, educó y sacrificó por nosotros[15].

¡Oh admirable e incomprensible dependencia de un Dios! Para mostrarnos su precio y gloria infinita, el Espíritu Santo no pudo pasarla en silencio en el Evangelio, a pesar de habernos ocultado casi todas las cosas admirables que la Sabiduría encarnada realizó durante su vida oculta. Jesucristo dio mayor gloria a Dios, su Padre, por su sumisión a María durante treinta años, que la que le hubiera dado convirtiendo al mundo entero por los milagros más portentosos. ¡Oh¡ ¡Cuán altamente glorificamos a Dios cuando para agradarle nos sometemos a María, a ejemplo de Jesucristo, nuestro único modelo!

19 Si examinamos de cerca el resto de la vida de Jesucristo, veremos que ha querido inaugurar sus milagros por medio de María. Mediante la palabra de María santificó a San Juan en el seno de Santa Isabel, su madre (ver Lc 1,41-44); habló María, y Juan quedó santificado. Este fue el primero y mayor milagro de Jesucristo en el orden de la gracia. Ante la humilde plegaria de María, convirtió el agua en vino en las bodas de Caná (ver Jn 2,1-12). Era su primer milagro en el orden de la naturaleza. Comenzó y continuó sus milagros por medio de María, y por medio de Ella los seguirá realizando hasta el fin de los siglos.

20 Dios Espíritu Santo, que es estéril en Dios —es decir, no produce otra persona divina en la divinidad–, se hizo fecundo por María, su Esposa. Con Ella, en Ella y de Ella

---

[15] "Concibiendo a Cristo, engendrándolo, alimentándolo, presentándolo en el templo al Padre, padeciendo con su Hijo mientras Él moría en la cruz, cooperó en la restauración de la vida sobrenatural de las almas. Por tal motivo es nuestra Madre en el orden de la gracia" (LG 61)

produjo su obra maestra, que es un Dios hecho hombre, y produce todos los días, hasta el fin del mundo, a los predestinados y miembros de esta Cabeza adorable. Por ello, cuanto más encuentra en un alma a María, su querida e indisoluble Esposa, tanto más poderoso y dinámico se muestra el Espíritu Santo para producir a Jesucristo en esa alma y a ésta en Jesucristo[16].

21 No quiero decir con esto que la Santísima Virgen dé al Espíritu Santo la fecundidad, como si Él no la tuviese, ya que, siendo Dios, posee la fecundidad o capacidad de producir tanto como el Padre y el Hijo, aunque no la reduce al acto al no producir otra persona divina. Quiero decir solamente que el Espíritu Santo, por intermediario de la Santísima Virgen –de quien ha tenido a bien servirse, aunque absolutamente no necesita de Ella–, reduce al acto su propia fecundidad, produciendo en Ella y por Ella a Jesucristo y a sus miembros. ¡Misterio de la gracia desconocido aun por los más sabios y espirituales entre los cristianos!

---

[16] María y el Espíritu Santo continúan actuando en colaboración y prolongan en la historia la obra de la Encarnación, produciendo a Jesús en las almas; lo cual equivale a prolongar en la historia el misterio de la Encarnación; ver VD 35s.164.

CAPÍTULO II

MARÍA EN EL MISTERIO DE LA IGLESIA

22 La forma en que procedieron las tres divinas personas de la Santísima Trinidad en la encarnación y primera venida de Jesucristo, la prosiguen todos los días, de manera invisible, en la santa Iglesia, y la mantendrán hasta el fin de los siglos en la segunda venida de Jesucristo.

1. MISIÓN DE MARÍA EN EL PUEBLO DE DIOS

1. *Colaboradora de Dios*

23 Dios Padre creó un depósito de todas las aguas, y lo llamó *mar*. Creó un depósito de todas las gracias, y lo llamó *María*[17].

El Dios omnipotente posee un tesoro o almacén riquísimo en el que ha encerrado lo más hermoso, refulgente, raro y precioso que tiene, incluido su propio Hijo. Este inmenso tesoro es María, a quien los santos llaman el tesoro del Señor[18], de cuya plenitud se enriquecen los hombres.

24 Dios Hijo comunicó a su Madre cuanto adquirió mediante su vida y muerte, sus méritos infinitos y virtudes admirables, y la constituyó tesorera de cuanto el Padre le dio en herencia. Por medio de Ella aplica sus méritos a sus miembros, les comunica sus virtudes y les distribuye sus gracias. María constituye su canal misterioso, su acueducto, por el cual hace pasar suave y abundantemente sus

---

[17] Juego de palabras en lengua latina: *MARIA* = mares, y *MARÍA* = María.
[18] Ver VD 216.

misericordias[19].

25 Dios Espíritu Santo comunicó sus dones a María, su fiel Esposa, y la escogió por dispensadora de cuanto posee. Ella distribuye a quien quiere, cuanto quiere, como quiere y cuando quiere todos sus dones y gracias[20]. Y no se concede a los hombres ningún don celestial que no pase por sus manos virginales. Porque tal es la voluntad de Dios, que quiere que todo lo tengamos por María. Porque así será enriquecida, ensalzada y honrada por el Altísimo la que durante su vida se empobreció, humilló y ocultó hasta el fondo de la nada por su profunda humildad. Estos son los sentimientos de la Iglesia y de los Santos Padres[21].

26 Si yo hablara a ciertos sabios actuales, probaría cuanto afirmo, sin más, con textos de la Sagrada Escritura y de los Santos Padres, citando al efecto sus pasajes latinos, y con otras sólidas razones, que se pueden ver largamente expuestas por el R. P. Poiré en su libro *La Triple Corona de la Santísima Virgen*[22].

Pero estoy hablando de modo especial a los humildes y sencillos. Que son personas de buena voluntad, tienen una fe más robusta que la generalidad de los sabios y creen con mayor sencillez y mérito. Por ello me contento con declararles sencillamente la verdad, sin detenerme a citarles pasajes latinos, que no entienden. Aunque no renuncio a citar algunos, pero sin esforzarme por buscarlos. Prosigamos.

2. Influjo Maternal de María

27 La gracia perfecciona a la naturaleza, y la gloria, a la

---

19 VD 142.
20 San Bernardino de Siena
21 Ver VD 141.
22 Francisco Poiré (1584-1637).

gracia. Es cierto, por tanto, que Nuestro Señor es todavía en el cielo Hijo de María, como lo fue en la tierra, y, por consiguiente, conserva para con Ella la sumisión y obediencia del mejor de todos los hijos para con la mejor de todas las madres. No veamos, sin embargo, en esta dependencia ningún desdoro o imperfección en Jesucristo. María es infinitamente inferior a su Hijo, que es Dios. Y por ello no le manda, como haría una madre a su hijo aquí abajo, que es inferior a ella. María, toda transformada en Dios por la gracia y la gloria –que transforma en Él a todos los santos–, no pide, quiere, ni hace nada que sea contrario a la eterna e inmutable voluntad de Dios.

Por tanto, cuando leemos en San Bernardo, San Buenaventura, San Bernardino y otros que en el cielo y en la tierra todo –inclusive el mismo Dios– está sometido a la Santísima Virgen, quieren decir que la autoridad que Dios le confiere es tan grande que parece como si tuviera el mismo poder que Dios, y que sus plegarias y súplicas son tan poderosas ante Dios, que valen como mandatos ante la divina Majestad. La cual no desoye jamás las súplicas de su querida Madre, porque son siempre humildes y conformes con la voluntad divina.

Si Moisés, con la fuerza de su plegaria, contuvo la cólera divina contra los israelitas en forma tan eficaz que el Señor, altísimo e infinitamente misericordioso, no pudiendo resistirle, le pidió que le dejase encolerizarse y castigar a ese pueblo rebelde (Ver Ex 32,10), ¿qué debemos pensar –con mayor razón– de los ruegos de la humilde María, la digna Madre de Dios, que son más poderosos delante de su Majestad que las súplicas e intercesiones de todos los ángeles y santos del cielo y de la tierra?

28 María impera en el cielo sobre los ángeles y bienaventurados. En recompensa a su profunda humildad, Dios le ha dado el poder y la misión de llenar de santos los tronos vacíos, de donde por orgullo cayeron los ángeles apóstatas. Tal es la voluntad del Altísimo, que exalta siempre a los humildes (Lc 1,52): que el cielo, la tierra y los abismos se sometan, de grado o por fuerza, a las órdenes de la humilde María, a quien constituyó soberana del cielo y de la tierra[23], capitana de sus ejércitos, tesorera de sus riquezas, dispensadora de sus gracias, realizadora de sus portentos, reparadora del género humano, mediadora de los hombres, exterminadora de los enemigos de Dios y fiel compañera de su grandeza y de sus triunfos.

3. Señal de fe autentica

29 Dios Padre quiere formarse hijos por medio de María hasta la consumación del mundo, y le dice: *Pon tu morada en Jacob* (BenS 24,13); es decir, fija tu morada y residencia en mis hijos y predestinados, simbolizados por Jacob, y no en los hijos del demonio, los réprobos, simbolizados por Esaú.

30 Así como en la generación natural y corporal concurren el padre y la madre, también en la generación sobrenatural y espiritual hay un Padre, que es Dios, y una Madre, que es María.

Todos los verdaderos hijos de Dios y predestinados tienen a Dios por Padre y a María por Madre. Y quien no tenga a María por Madre, tampoco tiene a Dios por Padre (ver Rom 8,25-30)[24]. Por eso los réprobos –tales los herejes, cismáticos, etc., que odian o miran con desprecio o indiferencia a la Santísima Virgen– no tienen a Dios por Padre –aunque se jacten de ello–, porque no tienen a María por Madre. Que, si la tuviesen por tal, la amarían y honrarían, como un hijo bueno y verdadero ama y honra naturalmente a la madre

---

23 Ver LG 59.
24 El texto recuerda un pasaje de San Cipriano (*De Unitate Ecclesiae* 6: PL 4,519A): «Quien no tenga a la Iglesia por Madre, tampoco tiene a Dios por Padre»

que le dio la vida.

La señal más infalible y segura para distinguir a un hereje, a un hombre de perversa doctrina, a un réprobo de un predestinado, es que el hereje y réprobo no tienen sino desprecio o indiferencia para con la Santísima Virgen, cuyo culto y amor procuran disminuir con sus palabras y ejemplos, abierta u ocultamente y, a veces, con pretextos aparentemente válidos[25]. ¡Ay! Dios Padre no ha dicho a María que establezca en ellos su morada, porque son los Esaús.

4. María, Madre de la Iglesia

31 Dios Hijo quiere formarse por medio de María y, por decirlo así, encarnarse todos los días en los miembros de su Cuerpo místico, y le dice: *Entra en la heredad de Israel* (BenS 24,13).

Como si le dijera: Dios, mi Padre, me ha dado en herencia todas las naciones de la tierra, todos los hombres buenos y malos, predestinados y réprobos; regiré a los primeros con cetro de oro; a los segundos, con vara de hierro; de los primeros seré padre y abogado; de los segundos, justo vengador; de todos seré juez. Tú, en cambio, querida Madre mía, tendrás por heredad y posesión solamente a los predestinados, simbolizados en Israel; como buena madre suya, tú los darás a luz, los alimentarás y harás crecer, y, como su soberana, los guiarás, gobernarás y defenderás.

32 *Uno por uno, todos han nacido en ella* (ver Sal 87 [86],6), dice el Espíritu Santo. Según la explicación de algunos Padres, un primer hombre nacido de María es el Hombre-Dios, Jesucristo; el segundo es un hombre-hombre,

---

[25] Ver VD 63-65.94-95.

hijo de Dios y de María por adopción.

Ahora bien, si Jesucristo, Cabeza de la humanidad, ha nacido de Ella, los predestinados, que son los miembros de esta Cabeza, deben también, por consecuencia necesaria, nacer de Ella[26]. Ninguna madre da a luz la cabeza sin los miembros, ni los miembros sin la cabeza; de lo contrario, aquello sería un monstruo de la naturaleza. Del mismo modo, en el orden de la gracia, la Cabeza y los miembros nacen de la misma madre. Y si un miembro del Cuerpo místico de Jesucristo, es decir, un predestinado, naciese de una madre que no sea María, la que engendró a la Cabeza, no sería un predestinado ni miembro de Jesucristo, sino un monstruo en el orden de la gracia.

33 [...] Jesucristo es hoy, como siempre, fruto de María. El cielo y la tierra lo repiten millares de veces cada día: *Y bendito es el fruto de tu vientre, Jesús.* Es indudable, por tanto, que Jesucristo es tan verdaderamente fruto y obra de María para cada hombre en particular, que lo posee, como para todo el mundo en general. De modo que, si algún fiel tiene a Jesucristo formado en su corazón, puede decir con osadía: "¡Gracias mil a María; lo que poseo es obra y fruto suyo, y sin Ella no lo tendría!" Y se pueden aplicar a María, con mayor razón de la que tenía San Pablo para aplicárselas a sí mismo, estas palabras: *Hijos míos, otra vez me causan dolores de parto hasta que Cristo tome forma en Uds*[27]. Todos los días doy a luz a los hijos de Dios hasta que se asemejen a Jesucristo, mi Hijo (ver Gál 4,19)[28], en madurez perfecta (ver Ef 4,13).

San Agustín, excediéndose a sí mismo y a cuanto acabo de decir, afirma que todos los predestinados -para asemejarse

---

26 Ver VD 264.

27 "Es verdadera Madre de los miembros de Cristo por haber cooperado con amor a que naciesen en la Iglesia los fieles que son miembros de aquella Cabeza..." (LG 53; ver 61 y R Mat 20-24).

28 Ver VD 56

realmente al Hijo de Dios (ver Rom 8,29) están ocultos, mientras viven en este mundo, en el seno de la Santísima Virgen, donde esta bondadosa Madre los protege, alimenta, mantiene y hace crecer... hasta que les da a luz para la gloria después de la muerte, que es, a decir verdad, el día de su nacimiento, como llama la Iglesia a la muerte de los justos. ¡Oh misterio de la gracia, desconocido de los réprobos y poco conocido de los predestinados!

5. María, figura de la Iglesia

34 Dios Espíritu Santo quiere formarse elegidos en Ella y por Ella, y le dice: *En el pueblo glorioso echa raíces* (BenS 24,13). Echa, querida Esposa mía, las raíces de todas tus virtudes en mis elegidos, para que crezcan de virtud en virtud y de gracia en gracia. Me complací tanto en ti mientras vivías sobre la tierra practicando las más sublimes virtudes, que aun ahora deseo hallarte en la tierra sin que dejes de estar en el cielo. Reprodúcete para ello en mis elegidos. Tenga yo el placer de ver en ellos las raíces de tu fe invencible, de tu humildad profunda, de tu mortificación universal, de tu oración sublime, de tu caridad ardiente, de tu esperanza firme y de todas tus virtudes. Tu eres, como siempre, mi Esposa fiel, pura y sublime. Tu fe me procure fieles; tu pureza me dé vírgenes; tu fecundidad, elegidos y templos[29].

35 Cuando María ha echado raíces en un alma, realiza allí las maravillas de la gracia que sólo Ella puede realizar, porque sólo Ella es la Virgen fecunda, que no tuvo ni tendrá jamás semejante en pureza y fecundidad.

María ha colaborado con el Espíritu Santo en la obra de los siglos, es decir, la encarnación del Verbo de Dios. En

---

[29] En la exhortación "*Signum Magnum*" (13 de mayo de 1967) PABLO VI afirma que María, gracias al esplendor de sus virtudes, es Madre y Maestra de la Iglesia, en general y de cada alma en particular (No. 8).

consecuencia, Ella realizará también los mayores portentos de los últimos tiempos: la formación y educación de los grandes santos, que vivirán hacia el final de los tiempos, están reservados a Ella[30], porque sólo esta Virgen singular y milagrosa puede realizar, en unión del Espíritu Santo, las cosas excelentes y extraordinarias.

36 Cuando el Espíritu Santo, su Esposo, la encuentra en un alma, vuela y entra en esa alma en plenitud, y se le comunica tanto más abundantemente cuanto más sitio hace el alma a su Esposa. Una de las razones de que el Espíritu Santo no realice ahora maravillas portentosas en las almas es que no encuentra en ellas una unión suficientemente estrecha con su fiel e indisoluble Esposa.

Digo "fiel e indisoluble Esposa" porque desde que este Amor sustancial del Padre y del Hijo se desposó con María para producir a Jesucristo, Cabeza de los elegidos, y a Jesucristo en los elegidos, jamás la ha repudiado, porque Ella se ha mantenido siempre fiel y fecunda.

2. CONSECUENCIAS

1. *María es reina de los corazones*

37 De lo que acabo de decir se sigue evidentemente:

En primer lugar, que María ha recibido de Dios un gran dominio sobre las almas de los elegidos. Efectivamente, no podría fijar en ellos su morada, como el Padre le ha ordenado, ni formarlos, alimentarlos, darlos a luz para la eternidad –como madre suya–, poseerlos como propiedad personal, formarlos en Jesucristo y a Jesucristo en ellos, echar en sus corazones las raíces de sus virtudes y ser la compañera indisoluble del Espíritu Santo para todas las obras de la gracia... No puede, repito, realizar todo esto si

---

[30] Ver VD 47-49.

no tiene derecho ni dominio sobre las almas por gracia singular del Altísimo, que, habiéndole dado poder sobre su Hijo único y natural, se lo ha comunicado también sobre sus hijos adoptivos no sólo en cuanto al cuerpo -lo cual sería poca cosa-, sino también en cuanto al alma.

38 María es la Reina del cielo y de la tierra por gracia, como Cristo es Rey por naturaleza y por conquista. Ahora bien, así como el reino de Jesucristo consiste principalmente en el corazón o interior de los hombres, según estas palabras: Dentro de ustedes está el reinado de Dios (Lc 17,21), del mismo modo el reino de la Virgen María está principalmente en el interior del hombre, es decir, en su alma. Ella es glorificada, sobre todo, en las almas, juntamente con su Hijo, más que en todas las creaturas visibles, de modo que podemos llamarla, con los santos, Reina de los corazones[31].

2. *María es necesaria a los hombres*

1º para la salvación

39 *Segunda conclusión*. Dado que la Santísima Virgen fue necesaria a Dios con necesidad llamada hipotética, es decir, proveniente de la voluntad divina, debemos concluir que es mucho más necesaria a los hombres para alcanzar la salvación. La devoción a la Santísima Virgen no debe, pues, confundirse con las devociones a los demás santos, como si no fuese más necesaria que ellas y sólo de supererogación.

40 El docto y piadoso Suárez, jesuita; el sabio y devoto Justo Lipsio, doctor de Lovaina, y muchos otros han demostrado con pruebas irrefutables, tomadas de los

---

[31] Una oración indulgenciada por la Sda. Penitenciaría Apostólica, el 29 de junio de 1924 dice: "Toma, pues, y recibe todo mi ser, oh María, Reina de los Corazones".

Padres -como San Agustín, San Efrén, diácono de Edesa; San Cirilo de Jerusalén, San Germán de Constantinopla, San Juan Damasceno, San Anselmo, San Bernardo, San Bernardino, Santo Tomás y San Buenaventura-, que la devoción a la Santísima Virgen es necesaria para la salvación, y que así como es señal infalible de reprobación -según lo han reconocido el mismo Ecolampadio y otros herejes- el no tener estima y amor a la Santísima Virgen, del mismo modo es signo infalible de predestinación el consagrarse a Ella y ser devoto suyo en verdad y plenitud total[32].

41 Las figuras y palabras del Antiguo[33] y del Nuevo Testamento lo demuestran. El sentir y ejemplo de los santos lo confirma. La razón y la experiencia lo enseñan y demuestran. El demonio y sus secuaces, impelidos por la fuerza de la verdad, se han visto obligados a confesarlo muchas veces a pesar suyo.

De todos los pasajes de los Santos Padres y doctores -de los cuales he elaborado una extensa colección[34] para probar esta verdad-, presento solamente uno para no ser prolijo: *"Ser devoto tuyo, ¡oh María! -dice San Juan Damasceno-, es un arma de salvación que Dios ofrece a los que quiere salvar"*[35]. Ver VD 182.

42 Podría referir aquí varias historias que comprueban esto. Entre otras: 1°, la que se cuenta en las crónicas de San Francisco[36]: cuando vio en éxtasis una larga escalera que llegaba hasta el cielo y en cuya cima estaba la Santísima Virgen. Se le indicó que para llegar al cielo era necesario subir por dicha escalera; 2°, la que se refiere en las crónicas

---

32   Ver LG 68 y MC 56.
33   Ver LG 55.
34   Ver VD 40.
35   Ver VD 182.
36   Florecillas, C. 10.

de Santo Domingo (Ver SAR 101-104): cerca de Carcasona, donde el Santo predicaba el Rosario, quince mil demonios que se habían apoderado de un desgraciado hereje se vieron forzados a confesar, con gran confusión suya, por mandato de la Santísima Virgen, muchas, grandes y consoladoras verdades referentes a la devoción a María, con tal fuerza y claridad, que por poco devoto que seas de la Santísima Virgen, no podrás leer esta auténtica historia y el panegírico que el demonio, a pesar suyo, hizo de esta devoción, sin derramar lágrimas de alegría.

2º para una perfección particular

43 Si honrar a la Santísima Virgen es necesario a todos los hombres para alcanzar su salvación, lo es mucho más a los que son llamados a una perfección excepcional. Creo personalmente que nadie puede llegar a una íntima unión con Nuestro Señor y a una fidelidad perfecta al Espíritu Santo sin una unión muy estrecha con la Santísima Virgen y una verdadera dependencia de su socorro[37].

44 Sólo María halló gracia delante de Dios (Lc 1,30) sin auxilio de ninguna creatura. Sólo por Ella han hallado gracia ante Dios cuantos después de Ella la han hallado, y sólo por Ella la encontrarán cuantos la hallarán en el futuro.

Ya estaba llena de gracia cuando la saludó el arcángel Gabriel. Quedó sobreabundantemente llena de gracia cuando el Espíritu Santo la cubrió con su sombra inefable. Y siguió creciendo de día en día y de momento en momento en esta doble plenitud, de tal manera que llegó a un grado inmenso e incomprensible de gracia.

---

[37] «La relación filial con María es el camino privilegiado para la fidelidad a la vocación recibida y una ayuda eficacísima para avanzar en ella y vivirla en plenitud» *Vita Consecrata*, 28

Por ello, el Altísimo la ha constituido tesorera única de sus riquezas y dispensadora exclusiva de sus gracias para que embellezca, levante y enriquezca a quien Ella quiera; haga transitar por la estrecha senda del cielo a quien Ella quiera; introduzca, a pesar de todos los obstáculos, por la angosta senda de la vida a quien Ella quiera, y dé el trono, el cetro y la corona regia a quien Ella quiera.

Jesús es siempre y en todas partes el fruto e Hijo de María; y María es en todas partes el verdadero árbol que lleva el fruto de vida y la verdadera Madre que lo produce[38].

45 Sólo a María ha entregado Dios las llaves que dan entrada a las bodegas del amor divino[39].

Sólo María permite la entrada en el paraíso terrestre a los pobres hijos de la Eva infiel para pasearse allí agradablemente con Dios (ver Gén 3,8), esconderse de sus enemigos con seguridad, alimentarse deliciosamente -sin temer ya a la muerte- del fruto de los árboles de la vida y de la ciencia del bien y del mal y beber a boca llena las aguas celestiales de la hermosa fuente que allí mana en abundancia. Mejor dicho, siendo Ella misma este paraíso terrestre o tierra virgen y bendita de la que fueron arrojados Adán y Eva pecadores, permite entrar solamente a aquellos a quienes le place para hacerlos llegar a la santidad[40].

46 De siglo en siglo, pero de modo especial hacia el fin del mundo, todos los *grandes del pueblo buscan tu favor* (Sal 45(44),14). San Bernardo comenta así estas palabras del Espíritu Santo: los mayores santos, las personas más ricas en gracia y virtud, son los más asiduos en implorar a la Santísima Virgen y contemplarla siempre como el modelo perfecto que imitar y la ayuda eficaz que les debe socorrer[41].

---

38 Ver SM 70.
39 Ver SM 70.; ver SAN JUAN DE LA CRUZ, Cántico espiritual, estr. 25.
40 Ver VD 261.
41 SAN BERNARDO (Inter opuscula), *Serm. 4 in antif., Salve Regina:* PL 184,1073.

47 He dicho que esto acontecerá especialmente hacia el fin del mundo -y muy pronto- porque el Altísimo y su santísima Madre han de formar grandes santos que superarán en santidad a la mayoría de los otros santos cuanto los cedros del Líbano exceden a los arbustos. Así fue revelado a un alma santa cuya vida escribió M. de Renty.

48 Estos grandes santos, llenos de gracia y celo apostólico, serán escogidos por Dios para oponerse a sus enemigos, que bramarán por todas partes. Tendrán una excepcional devoción a la Santísima Virgen, quien les esclarecerá con su luz, les alimentará con su leche, les guiará con su espíritu, les sostendrá con su brazo y les protegerá, de suerte que combatirán con una mano y construirán con la otra (ver Neh 4,17). Con una mano combatirán, derribarán, aplastarán a los herejes con sus herejías, a los cismáticos con sus cismas, a los idólatras con sus idolatrías y a los pecadores con sus impiedades. Con la otra edificarán el templo del verdadero Salomón y la mística ciudad de Dios, es decir, la Santísima Virgen, llamada precisamente por los Padres templo de Salomón y ciudad de Dios.

Con sus palabras y ejemplos atraerán a todos a la verdadera devoción a María. Esto les granjeará muchos enemigos, pero también muchas victorias y gloria para Dios sólo. Así lo reveló Dios a San Vicente Ferrer, gran apóstol de su siglo, como lo consignó claramente en uno de sus escritos.

Es lo que parece haber predicho el Espíritu Santo con las palabras del salmista:

> *....para que se sepa que Dios gobierna a Jacob*
> *y hasta el confín de la tierra.*
> *Vuelven por la tarde, ladran como perros,*
> *merodean por la ciudad.* (Sal 59 [58],14-16)

Esta ciudad a la que acudirán los hombres al fin del mundo para convertirse y saciar su hambre de justicia es la Santísima Virgen, a quien el Espíritu Santo llama morada y ciudad de Dios (Sal 87 (86),3).

CAPÍTULO III

MARÍA EN LOS ÚLTIMOS TIEMPOS DE LA IGLESIA

1. MARÍA Y LOS ÚLTIMOS TIEMPOS

49 La salvación del mundo comenzó por medio de María, y por medio de Ella debe alcanzar su plenitud. María casi no se manifestó en la primera venida de Jesucristo, a fin de que los hombres, poco instruidos e iluminados aún acerca de la persona de su Hijo, no se alejaran de la verdad, aficionándose demasiado fuerte e imperfectamente a la Madre, como habría ocurrido seguramente si Ella hubiera sido conocida, a causa de los admirables encantos que el Altísimo le había concedido aun en su exterior. Tan cierto es esto, que San Dionisio Aeropagita escribe que, cuando la vio, la hubiera tomado por una divinidad, a causa de sus secretos encantos e incomparable belleza, si la fe -en la que se hallaba bien cimentado- no le hubiera enseñado lo contrario.

Pero, en la segunda venida de Jesucristo, María tiene que ser conocida y puesta de manifiesto por el Espíritu Santo, a fin de que por Ella Jesucristo sea conocido, amado y servido. Pues ya no valen los motivos que movieron al Espíritu Santo a ocultar a su Esposa durante su vida y manifestarla sólo parcialmente desde que se predica el Evangelio.

50 Dios quiere, pues, revelar y manifestar a María, la obra maestra de sus manos, en estos últimos tiempos[42]:

1. porque Ella se ocultó en este mundo y se colocó más baja que el polvo por su profunda humildad, habiendo

---

42 Ver LG 48-51.

alcanzado de Dios, de los apóstoles y evangelistas que no la dieran a conocer;

2. porque Ella es la obra maestra de las manos de Dios tanto en el orden de la gracia como en el de la gloria, y El quiere ser glorificado y alabado en la tierra por los hombres;

3. porque Ella es la aurora que precede y anuncia al Sol de justicia, Jesucristo, y, por lo mismo, debe ser conocida y manifestada si queremos que Jesucristo lo sea;

4. porque Ella es el camino por donde vino Jesucristo a nosotros la primera vez, y lo será también cuando venga la segunda, aunque de modo diferente;

5. porque Ella es el medio seguro y el camino directo e inmaculado para ir a Jesucristo y hallarle perfectamente. Por Ella deben, pues, hallar a Jesucristo las personas santas que deben resplandecer en santidad. Quien halla a María, halla la vida (ver Prov 8,35), es decir, a Jesucristo, que es el Camino, la Verdad y la Vida (Jn 14,6). Ahora bien, no se puede hallar a María si no se la busca ni buscarla si no se la conoce, pues no se busca ni desea lo que no se conoce. Es, por tanto, necesario que María sea mejor conocida que nunca, para mayor conocimiento y gloria de la Santísima Trinidad;

6. porque María debe resplandecer, más que nunca, en los últimos *tiempos en misericordia, poder y gracia*: en *misericordia*, para recoger y acoger amorosamente a los pobres pecadores y a los extraviados que se convertirán y volverán a la Iglesia católica; en *poder* contra los enemigos de Dios, los idólatras, cismáticos, mahometanos, judíos e impíos endurecidos, que se rebelarán terriblemente para seducir y hacer caer, con promesas y amenazas, a cuantos se les opongan; en *gracia*,

finalmente, para animar y sostener a los valientes soldados y fieles servidores de Jesucristo, que combatirán por los intereses del Señor;

7. por último, porque María debe ser terrible al diablo y a sus secuaces *como un ejército en orden de batalla* (Cant 6,3)[43], sobre todo en estos últimos tiempos, cuando el diablo, sabiendo que le queda poco tiempo (Ap 12,17) -y mucho menos que nunca- para perder a las gentes, redoblará cada día sus esfuerzos y ataques. De hecho, suscitará en breve crueles persecuciones y tenderá terribles emboscadas a los fieles servidores y verdaderos hijos de María, a quienes le cuesta vencer mucho más que a los demás.

2. MARÍA EN LA LUCHA FINAL

51 A estas últimas y crueles persecuciones de Satanás, que aumentarán de día en día hasta que llegue el anticristo, debe referirse, sobre todo, aquella primera y célebre predicción y maldición lanzada por Dios contra la serpiente en el paraíso terrestre. Nos parece oportuno explicarla aquí, para gloria de la Santísima Virgen, salvación de sus hijos y confusión de los demonios.

Pongo hostilidades entre ti y la mujer, entre tu linaje y el suyo; ella herirá tu cabeza cuando tú hieras su talón (Gén 3,15).

52 Dios ha hecho y preparado una sola e irreconciliable hostilidad, que durará y se intensificará hasta el fin. Y es entre María, su digna Madre, y el diablo; entre los hijos y servidores de la Santísima Virgen y los hijos y secuaces de Lucifer. De suerte que el enemigo más terrible que Dios ha suscitado contra Satanás es María, su santísima Madre. Ya desde el paraíso terrenal —aunque María sólo estaba

---

43   VD 120

entonces en la mente divina– le inspiró tanto odio contra ese maldito enemigo de Dios, le dio tanta sagacidad para descubrir la malicia de esa antigua serpiente y tanta fuerza para vencer, abatir y aplastar a ese orgulloso impío, que el diablo la teme no sólo más que a todos los ángeles y hombres, sino, en cierto modo, más que al mismo Dios. No ya porque la ira, odio y poder divinos no sean infinitamente mayores que los de la Santísima Virgen, cuyas perfecciones son limitadas, sino:

1. porque Satanás, que es tan orgulloso, sufre infinitamente más al verse vencido y castigado por una sencilla y humilde esclava de Dios, y la humildad de la Virgen lo humilla más que el poder divino;

2. porque Dios ha concedido a María un poder tan grande contra los demonios, que -como, a pesar suyo, se han visto muchas veces obligados a confesarlo por boca de los posesos- tienen más miedo a un solo suspiro de María en favor de una persona que a las oraciones de todos los santos, y a una sola amenaza suya contra ellos más que a todos los demás tormentos.

53 Lo que Lucifer perdió por orgullo lo ganó María con la humildad. Lo que Eva condenó y perdió por desobediencia lo salvó María con la obediencia. Eva, al obedecer a la serpiente, se hizo causa de perdición para sí y para todos sus hijos, entregándolos a Satanás; María, al permanecer perfectamente fiel a Dios, se convirtió en causa de salvación para sí y para todos sus hijos y servidores, consagrándolos al Señor[44].

54 Dios no puso solamente una hostilidad, sino hostilidades, y no sólo entre María y Lucifer, sino también entre la descendencia de la Virgen y la del demonio. Es decir, Dios puso hostilidades, antipatías y odios secretos

---

[44] Ver L.G. 56; San Ireneo, Adv. Haer. II 22,4:PG 7,959A; Harvey, 2,123-124.

entre los verdaderos hijos y servidores de la Santísima Virgen y los hijos y esclavos del diablo: no pueden amarse ni entenderse unos a otros.

Los hijos de Belial (Dt 13,14)[45], los esclavos de Satanás, los amigos de este mundo de pecado –¡todo viene a ser lo mismo!– han perseguido siempre, y perseguirán más que nunca de hoy en adelante, a quienes pertenezcan a la Santísima Virgen, como en otro tiempo Caín y Esaú –figuras de los réprobos– perseguían a sus hermanos Abel y Jacob, figuras de los predestinados.

Pero la humilde María triunfará siempre sobre aquel orgulloso, y con victoria tan completa que llegará a aplastarle la cabeza, donde reside su orgullo. María descubrirá siempre su malicia de serpiente, manifestará sus tramas infernales, desvanecerá sus planes diabólicos y defenderá hasta al fin a sus servidores de aquellas garras mortíferas.

El poder de María sobre todos los demonios resplandecerá, sin embargo, de modo particular en los últimos tiempos, cuando Satanás pondrá asechanzas a su calcañar, o sea, a sus humildes servidores y pobres hijos que Ella suscitará para hacerle la guerra. Serán pequeños y pobres a juicio del mundo; humillados delante de todos; rebajados y oprimidos como el calcañar respecto de los demás miembros del cuerpo. Pero, en cambio, serán ricos en gracias y carismas, que María les distribuirá con abundancia; grandes y elevados en santidad delante de Dios; superiores a cualquier otra creatura por su celo ardoroso; y tan fuertemente apoyados en el socorro divino, que, con la humildad de su calcañar y unidos a María, aplastarán la cabeza del demonio y harán triunfar a Jesucristo.

---

[45] *Belial*, el devorador, personificación del poder de los poderes del mal.

3. MARÍA Y LOS APÓSTOLES DE LOS ÚLTIMOS TIEMPOS

55 Sí, Dios quiere que su Madre santísima sea ahora más conocida, amada y honrada que nunca. Lo que sucederá, sin duda, si los predestinados, con la gracia y luz del Espíritu Santo, entran y penetran en la práctica interior y perfecta de la devoción que voy a manifestarles en seguida.

Entonces verán claramente, en cuanto lo permite la fe, a esta hermosa estrella del mar, y, guiados por ella, llegarán a puerto seguro a pesar de las tempestades y de los piratas.

Entonces conocerán las grandezas de esta Soberana y se consagrarán enteramente a su servicio como súbditos y esclavos de amor.

Entonces saborearán sus dulzuras y bondades maternales y la amarán con ternura como sus hijos de predilección. Entonces experimentarán las misericordias en que Ella rebosa y la necesidad que tienen de su socorro, recurrirán en todo a Ella, como a su querida Abogada y Mediadora ante Jesucristo. Entonces sabrán que María es el medio más seguro, fácil, corto y perfecto para llegar a Jesucristo[46], y se consagrarán a Ella en cuerpo y alma y sin reserva alguna para pertenecer del mismo modo a Jesucristo.

56 Pero, ¿qué serán estos servidores, esclavos e hijos de María?

Serán fuego encendido (Sal 104 [103],4; Heb 1,7), ministros del Señor que prenderán por todas partes el fuego del amor divino.

Serán flechas agudas en la mano poderosa de María para atravesar a sus enemigos: *como saetas en manos de un guerrero* (Sal 127 [126],4).

---

[46] Ver VD 152-168.

Serán hijos de Leví[47], bien purificados por el fuego de grandes tribulaciones y muy unidos a Dios[48]. Llevarán en el corazón el oro del amor, el incienso de la oración en el espíritu, y en el cuerpo, la mirra de la mortificación.

Serán en todas partes el *buen olor de Jesucristo* (ver 2Cor 2,15-16) para los pobres y sencillos; pero para los grandes, los ricos y mundanos orgullosos serán olor de muerte.

57 Serán nubes tronantes y volantes (ver Is 60,8), en el espacio, al menor soplo del Espíritu Santo. Sin apegarse a nada, ni asustarse, ni inquietarse por nada, derramarán la lluvia de la palabra de Dios y de la vida eterna, tronarán contra el pecado, descargarán golpes contra el demonio y sus secuaces, y con la espada de dos filos de la palabra de Dios (Heb 4,12; Ef 6,17) traspasarán a todos aquellos a quienes sean enviados de parte del Altísimo.

58 Serán los apóstoles auténticos de los últimos tiempos a quienes el Señor de los ejércitos *dará la palabra y la fuerza necesarias* para realizar maravillas y ganar gloriosos despojos sobre sus enemigos.

Dormirán sin oro ni plata y –lo que más cuenta– sin preocupaciones *en medio de los demás sacerdotes, eclesiásticos y clérigos* (Sal 68 [67],14)[49]. Tendrán, sin embargo, las *alas plateadas de la paloma,* para volar con la pura intención de la gloria de Dios y de la salvación de los hombres adonde los llame el Espíritu Santo. Y sólo dejarán en pos de sí, en los lugares donde prediquen, el oro de la caridad, que es el cumplimiento de toda la ley (ver Rom 13,10).

---

[47] Una de las doce tribus, posesión especial del Señor, quien a su vez era posesión especial suya.

[48] Ver 1 Cor 6,17.

[49] Siguiendo la traducción de la Vulgata, este número del Tratado comenta los versos 14-15 del salmo citado. Ver SA 17-25.

59 Por último, sabemos que serán verdaderos discípulos de Jesucristo. Caminarán sobre las huellas de *su pobreza, humildad, desprecio de lo mundano y caridad evangélica, y enseñarán la senda estrecha de Dios* en la pura verdad, conforme al santo Evangelio y no a los códigos mundanos, sin inquietarse por nada ni hacer acepción de personas; sin perdonar, ni escuchar, ni temer a ningún mortal por poderoso que sea.

Llevarán en la boca la espada de dos filos de la palabra de Dios (Heb 4,12); sobre sus hombros, el estandarte ensangrentado de la cruz; en la mano derecha, el crucifijo; el rosario en la izquierda[50]; los sagrados nombres de Jesús y de María en el corazón, y en toda su conducta la modestia y mortificación de Jesucristo.

Tales serán los grandes hombres que vendrán y a quienes María formará por orden del Altísimo para extender su imperio sobre el de los impíos, idólatras y mahometanos. Pero ¿cuándo y cómo sucederá esto?... ¡Sólo Dios lo sabe! A nosotros nos toca callar, orar, suspirar y esperar: *Yo esperaba con ansia al Señor* (Sal 40 [39],2).

---

[50] AC 19; SA 8.

SEGUNDA PARTE

EL CULTO DE MARÍA EN LA IGLESIA

CAPÍTULO I

FUNDAMENTOS TEOLÓGICOS DEL CULTO A MARÍA

60 Acabo de exponer brevemente que la devoción a la Santísima Virgen nos es necesaria. Es preciso decir ahora en qué consiste. Lo haré, Dios mediante, después de clarificar algunas verdades fundamentales que iluminarán la maravillosa y sólida devoción que quiero dar a conocer.

1. JESUCRISTO, FIN ÚLTIMO DEL CULTO A MARÍA

61 *Primera verdad.* El fin último de toda devoción debe ser Jesucristo, Salvador del mundo, verdadero Dios y verdadero hombre[51]. De lo contrario, tendríamos una devoción falsa y engañosa.

Jesucristo es *el alfa y la omega, el principio y el fin* (Ap 1,8;21,6) de todas las cosas. La meta de nuestro ministerio - escribe San Pablo- es *construir el cuerpo de Cristo; hasta que todos, sin excepción, alcancemos la edad ...adulta...* (Ef 4,13).

---

[51] El mensaje del P. DE MONTFORT es auténticamente cristocéntrico. Quien quiera convencerse de ello y ver en extenso los fundamentos de su doctrina mariana puede leer y meditar su libro *"El Amor de la Sabiduría Eterna"* (ASE). La devoción mariana aparece allí (N° 203ss) como el cuarto y más eficaz medio para alcanzar la Sabiduría, Jesucristo. (ver también las fórmulas de consagración, vgr. ASE 223).

Efectivamente, sólo en Cristo *habita realmente la plenitud total de la divinidad* (Col 2,9) y todas las demás plenitudes de gracia, virtud y perfección. Sólo en Cristo hemos sido bendecidos *con toda bendición del Espíritu* (Ef 1,3).

Porque El es el único Maestro que debe enseñarnos,
el único Señor de quien debemos depender,
la única Cabeza a la que debemos estar unidos,
el único Modelo a quien debemos asemejarnos,
el único Médico que debe curarnos,
el único Pastor que debe apacentarnos,
el único Camino que debe conducirnos,
la única Verdad que debemos creer,
la única Vida que debe vivificarnos
y el único Todo que en todo debe bastarnos.

Bajo el cielo, no tenemos los hombres otro diferente de él al que debamos invocar para salvarnos (Hech 4,12).

Dios no nos ha dado otro fundamento de salvación, perfección y gloria que Jesucristo. Todo edificio que no esté construido sobre esta roca firme, se apoya en arena movediza, y se derrumbará infaliblemente tarde o temprano.

Quien no esté unido a Cristo como el sarmiento a la vid, caerá, se secará y lo echarán al fuego (ver Jn 15,6). En cambio, si permanecemos en Jesucristo, y Jesucristo en nosotros, no pesa ya sobre nosotros condenación alguna: ni los ángeles del cielo, ni los hombres de la tierra, ni los demonios del infierno, ni creatura alguna podrá hacernos daño, porque nadie podrá separarnos de la caridad de Dios presente en Cristo Jesús (ver Rom 8,39).

Por Jesucristo, con Jesucristo, en Jesucristo lo podemos todo: tributar al Padre en la unidad del Espíritu Santo todo honor y gloria; hacernos perfectos y ser olor de vida eterna para nuestro prójimo.

62 Por tanto, si establecemos la sólida devoción a la Santísima Virgen, es sólo para establecer más perfectamente la de Jesucristo y ofrecer un medio fácil y seguro para encontrar al Señor[52]. Si la devoción a la Santísima Virgen apartase de Jesucristo, habría que rechazarla como ilusión diabólica. Pero - como ya lo he demostrado[53] e insistiré en ello más adelante[54], sucede todo lo contrario. Esta devoción nos es necesaria para hallar perfectamente a Jesucristo, amarlo con ternura y servirlo con fidelidad.

63 Me dirijo a ti por un momento, amabilísimo Jesús mío, para quejarme amorosamente ante tu divina Majestad de que la mayor parte de los cristianos, aun los más instruidos, ignoran la unión necesaria que existe entre ti y tu Madre santísima. Tú, Señor, estás siempre con María, y María está siempre contigo y no puede existir sin ti; de lo contrario, dejaría de ser lo que es. María está de tal manera transformada en ti por la gracia, que Ella ya no vive ni es nada; sólo tú, Jesús mío, vives y reinas en Ella más perfectamente que en todos los ángeles y santos.

¡Ah! ¡Si se conociera la gloria y el amor que recibes en esta creatura admirable, se tendrían hacia ti y hacia Ella sentimientos muy diferentes de los que ahora se tienen! Ella se halla tan íntimamente unida a ti, que sería más fácil separar la luz del sol, el calor del fuego; más aún, sería más fácil separar de ti a todos los ángeles y santos que a la divina María, porque Ella te ama más ardientemente y te glorifica con mayor perfección que todas las demás creaturas juntas.

64 ¿No será, pues, extraño y lamentable, amable Maestro mío, el ver la ignorancia y oscuridad de todos los hombres respecto a tu santísima Madre? No hablo tanto de los idólatras y paganos: no conociéndote a ti, tampoco a Ella

---

52   Ver MC 25; LG 66.
53   Ver 24.31-33.50.
54   VD 75.83-86.120.152-168...

la conocen. Tampoco hablo de los herejes y cismáticos: separados de ti y de tu Iglesia, no se preocupan de ser devotos de tu Madre. Hablo, sí, de los católicos, y aun de los doctores entre los católicos; ellos hacen profesión de enseñar a otros la verdad, pero no te conocen ni a ti ni a tu Madre santísima sino de manera especulativa, árida, estéril e indiferente. Estos caballeros hablan sólo rara vez de tu santísima Madre y del culto que se le debe. Tienen miedo, según dicen, a que se deslice algún abuso y se te haga injuria al honrarla a Ella demasiado. Si ven u oyen a algún devoto de María hablar con frecuencia de la devoción hacia esta Madre amantísima, con acento filial, eficaz y persuasivo, como de un medio sólido y sin ilusiones, de un camino corto y sin peligros, de una senda inmaculada y sin imperfecciones y de un secreto maravilloso[55] para encontrarte y amarte debidamente, gritan en seguida contra él, esgrimiendo mil argumentos falsos para probarle que no hay que hablar tanto de la Virgen, que hay grandes abusos en esta devoción y es preciso dedicarse a destruirlos, que es mejor hablar de ti en vez de llevar a las gentes a la devoción a la Santísima Virgen, a quien ya aman lo suficiente.

Si alguna vez se les oye hablar de la devoción a tu santísima Madre, no es, sin embargo, para fundamentarla o inculcarla, sino para destruir sus posibles abusos. Mientras carecen de piedad y devoción tierna para contigo, porque no la tienen para con María. Consideran el rosario, el escapulario, la corona (cinco misterios), como devociones propias de mujercillas y personas ignorantes, que poco importan para la salvación. De suerte que, si cae en sus manos algún devoto de la Santísima Virgen que reza el rosario o practica

---

[55] El P. DE MONTFORT gusta mucho del término "secreto" y le da sentidos diferentes. Es: a) la excelencia y perfección de la Madre de Dios son un *secreto*, sólo Dios la conoce perfectamente y sólo El puede comunicar a otros ese conocimiento; b) el puesto y oficio de María en la obra redentora y su fuerza para orientar hacia la vida trinitaria el peregrinar del cristiano, son un secreto, porque no se conocen suficientemente; c) la vida mariana, que él propone, es un poderoso medio de santidad, un *secreto de santidad* (ver ASE 203.211; SM 1.20.55; VD 82.119.177.211.220).

alguna devoción en su honor, no tardan en cambiarle el espíritu y el corazón, y le aconsejan que, en lugar del rosario, rece los siete salmos penitenciales, y, en vez de la devoción a la Santísima Virgen, le exhortan a la devoción a Jesucristo.

¡Jesús mío amabilísimo! ¿Tienen éstos tu espíritu? ¿Te es grata su conducta? ¿Te agrada quien, por temor a desagradarte, no se esfuerza por honrar a tu Madre? ¿Es la devoción a tu santísima Madre obstáculo a la tuya? ¿Forma Ella bando aparte? ¿Es, por ventura, una extraña, que nada tiene que ver contigo? ¿Quien le agrada a Ella, te desagrada a ti? Consagrarse a Ella y amarla, ¿será separarse o alejarse de ti?

65 ¡Maestro amabilísimo! Sin embargo, si cuanto acabo de decir fuera verdad, la mayoría de los sabios -justo castigo de su soberbia- no se alejarían más que ahora de la devoción a tu santísima Madre ni mostrarían para con Ella mayor indiferencia de la que ostentan.

¡Guárdame, Señor! ¡Guárdame de sus sentimientos y de su conducta! Dame participar en los sentimientos de gratitud, estima, respeto y amor que tienes para con tu santísima Madre, a fin de que pueda amarte y glorificarte tanto más perfectamente cuanto más te imite y siga de cerca.

66 Y, como si no hubiera dicho nada en honor de tu santísima Madre, concédeme la gracia de alabarla dignamente, a pesar de todos sus enemigos -que son los tuyos-, y gritarles a voz en cuello con todos los santos: "No espere alcanzar misericordia de Dios quien ofenda a su Madre bendita"[56].

67 Para alcanzar de tu misericordia una verdadera devoción hacia tu santísima Madre y difundir esta devoción por toda la tierra, concédeme amarte ardientemente, y

---

[56] GUILLERMO DE PARÍS. El texto está tomado de Crasset y apuntado en CN 130.

acepta para ello la súplica inflamada que te dirijo con San Agustín y tus verdaderos amigos.

Tú eres, ¡oh Cristo!,
mi Padre santo, mi Dios misericordioso,
mi rey poderoso, mi buen pastor,
mi único maestro, mi mejor ayuda,
mi amado hermosísimo, mi pan vivo,
mi sacerdote por la eternidad,
mi guía hacia la patria,
mi luz verdadera, mi dulzura santa,
mi camino recto, mi Sabiduría preclara,
mi humilde simplicidad, mi concordia pacífica,
mi protección total, mi rica heredad,
mi salvación eterna...
¡Cristo Jesús, Señor amabilísimo!
¿Por qué habré deseado durante la vida
algo fuera de ti, mi Jesús y mi Dios?
¿Dónde me hallaba cuando no pensaba en ti?
Anhelos todos de mi corazón,
inflámense y desbórdense desde ahora
hacia el Señor Jesús;
corran que mucho se han retrasado;
apresúrense hacia la meta,
busquen al que buscan.
¡Oh Jesús! ¡Anatema el que no te ama!
¡Rebose de amargura quien no te quiera!
¡Dulce Jesús!
¡Que todo buen corazón dispuesto a la alabanza
te ame, se deleite en ti,
se admire ante ti!
¡Dios de mi corazón!
¡Herencia mía, Cristo Jesús!
Vive, Señor, en mi;
enciéndase en mi pecho
la viva llama de tu amor,
acrézcase en incendio;
arda siempre en el altar de mi corazón,
queme en mis entrañas,

incendie lo íntimo de mi alma,
y que en el día de mi muerte
comparezca yo del todo perfecto en tu presencia.
Amén[57].

He querido transcribir esta maravillosa plegaria de San
Agustín para que, repitiéndola todos los días, pidas el amor
de Jesucristo, ese amor que estamos buscando por medio
de la excelsa María.

2. PERTENECEMOS A JESÚS Y A MARÍA

68 *Segunda verdad.* De lo que Jesucristo es para nosotros,
debemos concluir, con el Apóstol (1Cor 3,23; 6,19-20; 12,27),
que ya no nos pertenecemos a nosotros mismos, sino que
somos totalmente suyos, como sus miembros y esclavos,
comprados con el precio infinito de toda su sangre (1Pe
1,19).

Efectivamente, antes del Bautismo pertenecíamos al
demonio como esclavos suyos. El Bautismo nos ha
convertido en verdaderos esclavos de Jesucristo[58], que no
debemos ya vivir, trabajar ni morir sino a fin de fructificar
para este Dios-Hombre (Rom 7,4), glorificarlo en nuestro
cuerpo y hacerlo reinar en nuestra alma, porque somos su
conquista, su pueblo adquirido y su propia herencia (1Pe
2,9). Por la misma razón, el Espíritu Santo nos compara a:
1°. árboles plantados junto a la corriente de las aguas de la
gracia, en el campo de la Iglesia, que deben dar fruto en
tiempo oportuno (Sal 1,3); 2°. los sarmientos de una vid,
cuya cepa es Cristo, y que deben producir sabrosas uvas
(Jn 15,5); 3°. un rebaño, cuyo pastor es Jesucristo, y que
debe multiplicarse y producir leche (Jn 10,1ss); 4°. una tierra

---

57 La oración está entresacada de diferentes obras de SAN AGUSTÍN.
58 "... Nosotros, los cristianos, más que ningún otro debemos entregarnos y con-
    sagrarnos como esclavos al Redentor, Señor nuestro" (*Catecismo del Concilio
    de Trento*, I, c.3, n. 12.

fértil, cuyo agricultor es Dios, y en la cual se multiplica la semilla, y produce el treinta, el sesenta, el ciento por uno (Mt 13,3.8). Por otra parte, Jesucristo maldijo a la higuera infructuosa (Mt 21,19) y condenó al siervo inútil, que no hizo fructificar su talento (Mt 25,24-30).

Todo esto nos demuestra que Jesucristo quiere recoger algún fruto de nuestras pobres personas, a saber, nuestras buenas obras, porque éstas le pertenecen exclusivamente: *creados, mediante Cristo Jesús, para hacer el bien* (Ef 2,10). Estas palabras del Espíritu Santo demuestran que Jesucristo es el único principio y debe ser también el único fin de nuestras buenas obras, y que debemos servirle no sólo como asalariados, sino como esclavos de amor. Me explico.

69 Hay, en este mundo, dos modos de pertenecer a otro y depender de su autoridad: el simple servicio y la esclavitud. De donde proceden los apelativos de criado y esclavo.

Por el servicio, común entre los cristianos, uno se compromete a servir a otro durante cierto tiempo y por determinado salario o retribución. Por la esclavitud, en cambio, uno depende de otro enteramente, por toda la vida, y debe servir al amo sin pretender salario ni recompensa alguna, como si fuera uno de sus animales, sobre los que tiene derecho de vida y muerte.

70 Hay tres clases de esclavitud: natural, forzada y voluntaria.

Todas las creaturas son esclavas de Dios según el primer modo: *Del Señor es la tierra y cuanto la llena* (Sal 24 [23],1). Conforme al segundo, lo son los demonios y condenados. Según el tercero, los justos y los santos.

La esclavitud voluntaria es la más perfecta y gloriosa para Dios, que escruta el corazón (1Sam 16,7), nos lo pide para sí y se llama Dios del corazón (Sal 73 [72],26) o de la voluntad amorosa. Efectivamente, por esta esclavitud voluntariamente asumida-, optas por Dios y por su servicio, sin que importe todo lo demás, aunque no estuvieses obligado a ello por naturaleza.

71 Hay una diferencia total entre criado y esclavo[59]:

1. El criado no entrega a su patrón todo lo que es, todo lo que posee ni todo lo que puede adquirir por sí mismo o por otro; el esclavo se entrega totalmente a su amo, con todo lo que posee y puede adquirir, sin excepción alguna.

2. El criado exige retribución por los servicios que presta a su patrón; el esclavo, por el contrario, no puede exigir nada, por más asiduidad, habilidad y energía que ponga en el trabajo.

3. El criado puede abandonar a su patrón cuando quiera o, al menos, cuando expire el plazo del contrato; mientras que el esclavo no tiene derecho de abandonar a su amo cuando quiera.

4. El patrón no tiene sobre el criado derecho alguno de vida o muerte, de modo que, si lo matase como a uno de sus animales de carga, cometería un homicidio; el amo, en cambio –conforme a la ley–, tiene sobre su esclavo derecho de vida y muerte, de modo que puede venderlo a quien quiera o matarlo -perdóname la comparación-, como haría con su propio caballo.

5. Por último, el criado está al servicio del patrón sólo temporalmente; el esclavo lo está para siempre.

72 Nada hay entre los hombres que te haga pertenecer más a otro que la esclavitud. Nada hay tampoco entre los cristianos que nos haga pertenecer más completamente a Jesucristo y a su santísima Madre que la esclavitud aceptada voluntariamente, a ejemplo de Jesucristo, que por nuestro amor *tomó forma de esclavo* (Flp 2,7), y de la Santísima Virgen,

---

[59] Montfort quiere decir que nuestra dependencia de Dios y nuestra pertenencia a Él son absolutas.

que se proclamó servidora y *esclava del Señor* (Lc 1,38). El Apóstol se honra de llamarse *servidor de Jesucristo* (Rom 1,38; ver 1Cor 7,22; 2Tim 2,24). Los cristianos son llamados repetidas veces en la Sagrada Escritura servidores de Cristo. Palabra que -como hace notar acertadamente un escritor insigne- equivalía antes a esclavo, porque entonces no se conocían servidores como los criados de ahora, dado que los señores sólo eran servidos por esclavos o libertos.

Para afirmar abiertamente que somos esclavos de Jesucristo, el *Catecismo del concilio de Trento* se sirve de un término que no deja lugar a dudas, llamándonos *mancipia Christi:* esclavos de Cristo[60].

73 Afirmo que debemos pertenecer a Jesucristo y servirle no sólo como mercenarios, sino como esclavos de amor, que, por efecto de un intenso amor, se entregan y consagran a su servicio en calidad de esclavos por el único honor de pertenecerle. Antes del Bautismo éramos esclavos del diablo. El Bautismo nos transformó en esclavos de Jesucristo (Ver Rom 6,22). Es necesario, pues, que los cristianos sean esclavos del diablo o de Jesucristo.

74 Lo que digo en términos absolutos de Jesucristo, lo digo, proporcionalmente, de la Santísima Virgen. Habiéndola escogido Jesucristo por compañera inseparable de su vida, muerte, gloria y poder en el cielo y en la tierra, le otorgó, gratuitamente - respecto de su Majestad- todos los derechos y privilegios que Él posee por naturaleza: "Todo lo que conviene a Dios por naturaleza, conviene a María por gracia"[61], dicen los santos. De suerte que, según ellos, teniendo los dos el mismo querer y poder, tienen también los mismos servidores y esclavos.

---

[60] Ver VD 129.

[61] "Los misterios de la gracia que Dios ha realizado en María no se miden según las leyes ordinarias, sino según la omnipotencia divina" (Pío XII).

75 Podemos, pues -conforme al parecer de los santos y de muchos varones insignes-, llamarnos y hacernos esclavos de amor de la Santísima Virgen, a fin de serlo más perfectamente de Jesucristo. La Virgen Santísima es el medio del cual se sirvió el Señor para venir a nosotros. Es también el medio del cual debemos servirnos para ir a Él. Pues María no es como las demás creaturas, que, si nos apegamos a ellas, pueden separarnos de Dios en lugar de acercarnos a El. La tendencia más fuerte de María es la de unirnos a Jesucristo[62], su Hijo, y la más viva tendencia del Hijo es que vayamos a El por medio de su santísima Madre. Obrar así es honrarlo y agradarle, como sería honrar y agradar a un rey el hacerse esclavo de la reina para ser mejores súbditos y esclavos del soberano. Por esto, los Santos Padres y luego San Buenaventura dicen que la Santísima Virgen es el camino para llegar a Nuestro Señor.

76 Más aún, si –como he dicho– la Santísima Virgen es la Reina y Soberana del cielo y de la tierra: "Al poder de Dios todo está sometido, incluida la Virgen; al poder de la Virgen todo está sometido, incluido Dios", dicen San Anselmo, San Bernardo, San Bernardino, San Buenaventura, ¿por qué no ha de tener tantos súbditos y esclavos como creaturas hay? Y ¿no será razonable que, entre tantos esclavos por fuerza, los haya también de amor, que escojan libremente a María como Soberana? ¡Pues qué! ¿Han de tener los hombres y los demonios sus esclavos voluntarios y no los ha de tener María? ¡Y qué! ¿Un rey se siente honrado de que la reina, su consorte, tenga esclavos sobre los cuales puede ejercer derechos de vida y muerte –en efecto, el honor y poder del uno son el honor y poder de la otra–, y el Señor, como el mejor de los hijos, llevará a mal que María, su Madre santísima, con quien ha compartido todo su poder, tenga también sus esclavos? ¿Tendrá El menos respeto y amor para con su Madre que Asuero para con Ester, y Salomón para con Betsabé? (Est 5,2-8; 1Re 2,19) ¿Quién osará decirlo o siquiera pensarlo?

---

[62] VD 129.

77 Pero ¿adónde me lleva la pluma? ¿Por qué detenerme a probar lo que es evidente? Si alguno no quiere que nos llamemos esclavos de la Santísima Virgen, ¿qué más da? ¡Hacerte y llamarte esclavo de Jesucristo es hacerte y proclamarte esclavo de la Santísima Virgen! Porque Jesucristo es el fruto y gloria de María.

Todo esto se realiza de modo perfecto con la devoción de que te voy a hablar.

3. DEBEMOS REVESTIRNOS DEL HOMBRE NUEVO, JESUCRISTO

78 *Tercera verdad.* Nuestras mejores acciones quedan, de ordinario, manchadas e infectadas a causa de las malas inclinaciones que hay en nosotros.

Cuando se vierte agua limpia y clara en una vasija que huele mal, o vino en una garrafa maleada por otro vino, el agua clara y el buen vino se dañan y toman fácilmente el mal olor. Del mismo modo, cuando Dios vierte en nuestra alma, infectada por el pecado original y actual, sus gracias y rocíos celestiales o el vino delicioso de su amor, sus bienes se deterioran y dañan ordinariamente a causa de la levadura de malas inclinaciones que el pecado ha dejado en nosotros. Y nuestras acciones, aun las inspiradas por las virtudes más sublimes, se resienten de ello[63].

Es, por tanto, de suma importancia para alcanzar la perfección –que sólo se adquiere por la unión con Jesucristo[64]– liberarnos de lo malo que hay en nosotros. De lo contrario, Nuestro Señor, que es infinitamente santo y detesta la menor mancha en el alma, nos rechazará de su presencia y no se unirá a nosotros.

---

[63] Ver VD 146.173.213.228; AC 47.
[64] VD 120

79 Para vaciarnos de nosotros mismos[65], debemos, en primer lugar, conocer bien, con la luz del Espíritu Santo, nuestras malas inclinaciones, nuestra incapacidad para todo bien concerniente a la salvación, nuestra debilidad en todo, nuestra continua inconstancia, nuestra indignidad para toda gracia y nuestra iniquidad en todo lugar.

El pecado de nuestro primer padre nos perjudicó a todos casi totalmente; nos dejó agriados, engreídos e infectados como la levadura agria, levanta e infecta toda la masa en que se la pone. Nuestros pecados actuales, mortales o veniales, aunque estén perdonados, han acrecentado la concupiscencia, debilidad, inconstancia y corrupción naturales y dejado huellas de maldad en nosotros.

Nuestros cuerpos se hallan tan corrompidos que el Espíritu Santo los llama *cuerpos de pecado* (Rom 6,6), concebidos en pecado (Sal 51 [50],7), alimentados en el pecado y capaces de todo pecado. Cuerpos sujetos a mil enfermedades, que de día en día se corrompen y no engendran sino corrupción.

Nuestra alma, unida al cuerpo, se ha hecho tan carnal, que la Biblia la llama *carne: Toda carne se había corrompido en su proceder (Gén 6,12)*[66].

Tenemos por única herencia el orgullo y la ceguera en el espíritu, el endurecimiento en el corazón, la debilidad y la inconstancia en el alma, la concupiscencia, las pasiones rebeldes y las enfermedades en el cuerpo. Somos, por naturaleza, más soberbios que los pavos reales, más apegados a la tierra que los sapos, más viles que los cerdos, más coléricos que los tigres, más perezosos que las tortugas, más débiles que las cañas y más inconstantes que las veletas.

---

[65] El programa implica seguir a Cristo, con su cruz hasta el anonadamiento; ver Flp 2,7; Mt 7,24.

[66] Carne designa frecuentemente en la Biblia al ser humano, en cuanto limitado, débil, imperfecto...

En el fondo no tenemos sino la nada y el pecado, y sólo merecemos la ira divina y la condenación eterna[67].

80 Siendo ello así, ¿por qué maravillarnos de que Nuestro Señor haya dicho que quien quiera seguirle debe renunciarse a sí mismo y odiar su propia vida? (Mt 16,24; Mc 8,34-35) ¿Y que el que ama su alma la perderá y quien la odia la salvará? (Jn 12,25). Esta infinita Sabiduría –que no da prescripciones sin motivo– no nos ordena el odio a nosotros mismos sino porque somos extremadamente dignos de odio; nada tan digno de amor como Dios, nada tan digno de odio como nosotros mismos.

81 En segundo lugar, para vaciarnos de nosotros mismos debemos morir todos los días a nuestro egoísmo, es decir, renunciar a las operaciones de las potencias del alma y de los sentidos, ver como si no viéramos, oír como si no oyéramos, servirnos de las cosas de este mundo como si no nos sirviéramos de ellas (ver 1Cor 7,30-31). Es lo que San Pablo llama *morir cada día* (1Cor 15,31). *Si el grano de trigo cae en tierra y no muere, queda infecundo* (Jn 12,24), se vuelve tierra y no produce buen fruto. Si no morimos a nosotros mismos y si nuestras devociones más santas no nos llevan a esta muerte necesaria y fecunda, no produciremos fruto que valga la pena y nuestras devociones serán inútiles; todas nuestras obras de virtud quedarán manchadas por el egoísmo y la voluntad propia; Dios rechazará los mayores sacrificios y las mejores acciones que ejecutemos; a la hora de la muerte, nos encontraremos con las manos vacías de virtudes y méritos y no tendremos ni una chispa de ese amor puro que sólo se comunica a quienes han muerto a sí mismos, y *cuya vida está escondida con Cristo en Dios* (Col 3,3).

---

[67] No obstante el Bautismo (Rom 6,4ss) y que constituye una nueva creatura (2Cor 5,17) es claro que "los desequilibrios que fatigan al mundo moderno están conectados con ese otro desequilibrio que hunde sus raíces en el corazón humano" (GS 10).

82 En tercer lugar, debemos escoger entre las devociones a la Santísima Virgen la que nos lleva más perfectamente a dicha muerte al egoísmo, por ser la mejor y más santificadora. Porque no hay que creer que es oro todo lo que brilla, ni miel todo lo dulce, ni el camino más fácil y lo que practica la mayoría es lo más eficaz para la salvación. Así como hay secretos naturales para hacer en poco tiempo, con pocos gastos y gran facilidad ciertas operaciones naturales, también hay secretos en el orden de la gracia para realizar en poco tiempo, con dulzura y facilidad, operaciones sobrenaturales: liberarte del egoísmo, llenarte de Dios y hacerte perfecto. La práctica que quiero descubrirte es uno de esos secretos de la gracia ignorado por gran número de cristianos, conocido de pocos devotos, practicado y saboreado por un número aún menor. Expongamos la cuarta verdad –consecuencia de la tercera– antes de abordar dicha práctica[68].

4. LA ACCIÓN MATERNAL DE MARÍA FACILITA EL ENCUENTRO PERSONAL CON CRISTO

83 *Cuarta verdad.* Es más perfecto, porque es más humilde, no acercarnos a Dios por nosotros mismos, sino acudir a un mediador. Estando tan corrompida nuestra naturaleza -como acabo de demostrar-, si nos apoyamos en nuestros propios esfuerzos, habilidad y preparación para llegar hasta Dios y agradarle, ciertamente nuestras obras de justificación quedarán manchadas o pesarán muy poco delante de Dios para comprometerlo a unirse a nosotros y escucharnos.

Porque no sin razón nos ha dado Dios mediadores[69] ante sí mismo. Vio nuestra indignidad e incapacidad, se apiadó de nosotros, y, para darnos acceso a sus misericordias, nos

---

68 Ver SM 44.
69 "La única mediación del Redentor no excluye, sino que suscita en las creaturas diversa cooperación participada de la única fuente" (LG 62).

proveyó de poderosos mediadores ante su grandeza. Por tanto, despreocuparte de tales mediadores y acercarte directamente a la santidad divina sin recomendación alguna es faltar a la humildad y al respeto debido a un Dios tan excelso y santo, es hacer menos caso de ese Rey de reyes del que harías de un soberano o príncipe de la tierra, a quien no te acercarías sin un amigo que hable por ti[70].

84 Jesucristo es nuestro abogado y mediador de redención ante el Padre. Por Él debemos orar junto con la Iglesia triunfante y militante. Por Él tenemos acceso ante la Majestad divina, y sólo apoyados en Él y revestidos de sus méritos debemos presentarnos ante el Padre, así como el humilde Jacob compareció ante su padre Isaac, para recibir la bendición, cubierto con pieles de cabrito.

85 Pero ¿no necesitamos, acaso, un mediador ante el mismo Mediador? ¿Bastará nuestra pureza para unirnos a Él directamente y por nosotros mismos? ¿No es Él, acaso, Dios igual en todo a su Padre, y, por consiguiente, el Santo de los santos, tan digno de respeto como su Padre? Si por amor infinito se hizo nuestro fiador y mediador ante el Padre para aplacarlo y pagarle nuestra deuda, ¿será esto razón para que tengamos menos respeto para con su majestad y santidad?

Digamos, pues, abiertamente, con San Bernardo, que necesitamos un mediador ante el Mediador mismo y que la excelsa María es la más capaz de cumplir este oficio caritativo. Por Ella vino Jesucristo a nosotros, y por Ella debemos nosotros ir a Él.

Si tememos ir directamente a Jesucristo-Dios a causa de su infinita grandeza y de nuestra pequeñez o pecados, imploremos con filial osadía la ayuda e intercesión de María, nuestra Madre. Ella es tierna y bondadosa. En Ella

---

[70] Leer VD 83-86 a la luz de LG 60 y 62.

no hay nada austero o repulsivo ni excesivamente sublime o deslumbrante. Al verla, vemos nuestra propia naturaleza. No es el sol, que con la viveza de sus rayos podría deslumbrarnos a causa de nuestra debilidad. Es hermosa y apacible como la luna (Cant 6,10), que recibe la luz del sol para acomodarla a la debilidad de nuestra vista.

María es tan caritativa que no rechaza ninguno de los que imploran su intercesión, por más pecador que sea, pues -como dicen los santos- jamás se ha oído decir que alguien haya acudido confiada y perseverantemente a Ella y haya sido rechazado. Ella es tan poderosa que sus peticiones jamás han sido desoídas. Bástale presentarse ante su Hijo con alguna súplica para que Él la acepte y reciba y se deje siempre vencer amorosamente por los pechos, las entrañas y las súplicas de su Madre queridísima.

86   Esta es doctrina sacada de los escritos de San Bernardo y San Buenaventura. Según ellos, para llegar a Dios tenemos que subir tres escalones: el primero, más cercano y adaptado a nuestras posibilidades, es María[71]; el segundo es Jesucristo y el tercero es Dios Padre. Para llegar a Jesucristo hay que ir a María, nuestra Mediadora de intercesión. Para llegar al Padre hay que ir al Hijo, nuestro Mediador de redención[72]. Este es precisamente el orden que se observa en la forma de devoción de la que hablaré más adelante.

---

[71]   María "ocupa en la santa Iglesia el lugar más alto después de Cristo y el más cercano a nosotros" (LG 54; ver MC 28). María es de nuestra raza y de nuestra historia; como madre a quien Cristo nos ha encomendado, busca que cada día seamos más semejantes al Hermano mayor.

[72]   Según Ef 2,18, por Cristo llegamos hasta el Padre, en un mismo Espíritu; ahora bien, María y el Espíritu luchan por la misma causa: Ella es la fidelísima co-operadora del Espíritu Santo (ver MC 25.27).

5. LLEVAMOS EL TESORO DE LA GRACIA EN VASIJAS DE ARCILLA

87 *Quinta verdad.* Es muy difícil, dada nuestra pequeñez y fragilidad, conservar las gracias y tesoros de Dios, porque:

> 1. *Llevamos este tesoro*, más valioso que el cielo y la tierra, *en vasijas de arcilla* (2Cor 4,7), en un cuerpo corruptible, en un alma débil e inconstante que por nada se turba y abate.

88 2. Los demonios, ladrones muy astutos, quieren sorprendernos de improviso para robarnos y desvalijarnos. Espían día y noche el momento favorable para ello. Nos rodean incesantemente para devorarnos (ver 1Pe 5,8) y arrebatarnos en un momento –por un solo pecado– todas las gracias y méritos logrados en muchos años. Su malicia, su pericia, su astucia y número deben hacernos temer infinitamente esta desgracia, ya que personas más llenas de gracia, más ricas en virtudes, más experimentadas y elevadas en santidad que nosotros han sido sorprendidas, robadas y saqueadas lastimosamente. ¡Ah! ¡Cuántos cedros del Líbano y estrellas del firmamento cayeron miserablemente y perdieron en poco tiempo su elevación y claridad!

Y ¿cuál es la causa? No fue falta de gracia. Que Dios a nadie la niega. Sino ¡falta de humildad! Se consideraron capaces de conservar sus tesoros. Se fiaron de sí mismos y se apoyaron en sus propias fuerzas. Creyeron bastante segura su casa y suficientemente fuertes sus cofres para guardar el precioso tesoro de la gracia, y por este apoyo imperceptible en sí mismos –aunque les parecía que se apoyaban solamente en la gracia de Dios–, el Señor, que es la justicia misma, abandonándolos a sí mismos, permitió que fueran saqueados.

¡Ay! Si hubieran conocido la devoción admirable que a continuación voy a exponer, habrían confiado su tesoro a una Virgen fiel y poderosa, y Ella lo habría guardado como si fuera propio, y hasta se habría comprometido a ello en justicia.

89 3. Es difícil perseverar en gracia, a causa de la increíble corrupción del mundo. Corrupción tal que es prácticamente imposible que los corazones no se manchen, si no con su lodo, al menos con su polvo[73]. Hasta el punto de que es una especie de milagro el que una persona se conserve en medio de este torrente impetuoso sin ser arrastrado por él, en medio de este mar tempestuoso sin anegarse o ser saqueada por los piratas y corsarios, en medio de esta atmósfera viciada sin contagiarse.

Sólo la Virgen fiel, contra quien nada pudo la serpiente, hace este milagro en favor de aquellos que la sirven lo mejor que pueden.

CAPÍTULO II

DEFORMACIONES DEL CULTO A MARÍA

90 Presupuestas las cinco verdades anteriores, es preciso, ahora más que nunca, hacer una buena elección de la verdadera devoción a la Santísima Virgen. En efecto, hoy más que nunca, nos encontramos con falsas devociones que fácilmente podrían tomarse por verdaderas. El demonio, como falso acuñador de moneda y engañador astuto y experimentado, ha embaucado y hecho caer a muchas almas por medio de falsas devociones a la Santísima Virgen, y cada día utiliza su experiencia diabólica para perder a muchas otras, entreteniéndolas y adormeciéndolas en el pecado so pretexto de algunas oraciones mal recitadas y de algunas prácticas exteriores inspiradas por él.

---

[73] SAN LEÓN MAGNO.

Como un falsificador de moneda no falsifica ordinariamente sino el oro y la plata, y muy rara vez los otros metales, porque no valen la pena, así el espíritu maligno no falsifica las otras devociones tanto como las de Jesús y María -la devoción a la sagrada comunión y la devoción a la Santísima Virgen-, porque son, entre las devociones, lo que el oro y la plata entre los metales.

91 Es por ello importantísimo: 1. conocer las falsas devociones, para evitarlas, y la verdadera, para abrazarla; 2. conocer cuál es, entre las diferentes formas de devoción verdadera a la Santísima Virgen, la más perfecta, la más agradable a María, la más gloriosa para Dios y la más eficaz para nuestra santificación, a fin de optar por ella.

92 Hay, a mi parecer, siete clases de falsos devotos y falsas devociones a la Santísima Virgen, a saber:

1. los devotos críticos;
2. los devotos escrupulosos;
3. los devotos exteriores;
4. los devotos presuntuosos;
5. los devotos inconstantes;
6. los devotos hipócritas;
7. los devotos interesados.

1. LOS DEVOTOS CRÍTICOS

93 Los devotos *críticos* son, por lo común, sabios orgullosos, engreídos y pagados de sí mismos, que en el fondo tienen alguna devoción a la Santísima Virgen, pero critican casi todas las formas de piedad con que las gentes sencillas honran ingenua y santamente a esta buena Madre sólo porque no se acomodan a su fantasía. Ponen en duda todos los milagros e historias referidas por autores fidedignos o tomadas de las crónicas de las órdenes religiosas que atestiguan la misericordia y el poder de la Santísima Virgen. Se irritan al ver a las gentes sencillas y humildes arrodilladas –para rogar a Dios– ante un altar o imagen de María o en la esquina de una calle[74].

Llegan hasta acusarlas de idolatría como si adoraran la madera o la piedra. En cuanto a ellos –así dicen–, ¡no les gustan tales devociones exteriores ni son tan cándidos como para creer a tantos cuentos e historietas como corren acerca de la Santísima Virgen! Si se les recuerdan las admirables alabanzas que los Santos Padres tributan a María, responden que hablaban como oradores, en forma hiperbólica, o dan una falsa explicación de sus palabras.

Esta clase de falsos devotos y gente orgullosa y mundana es mucho de temer; hace un daño incalculable a la devoción a la Santísima Virgen, alejando de ella definitivamente a los pueblos so pretexto de desterrar abusos.

2. LOS DEVOTOS ESCRUPULOSOS

94 Los devotos *escrupulosos* son personas que temen deshonrar al Hijo al honrar a la Madre, rebajar al uno al honrar a la otra. No pueden tolerar que se tributen a la Santísima Virgen las justísimas alabanzas que le prodigan los Santos Padres. Toleran penosamente que haya más personas arrodilladas ante un altar de María que delante del Santísimo Sacramento, ¡como si esto fuera contrario a aquello o si los que oran a la Santísima Virgen no orasen a Jesucristo por medio de Ella! No quieren que se hable con tanta frecuencia de la Madre de Dios ni que los fieles acudan a Ella tantas veces.

---

[74] MONTFORT constata y defiende legítimamente estas manifestaciones de la religiosidad popular que son una expresión de la convicción eclesial de la presencia de María en el peregrinar actual del pueblo de Dios.

Oigamos algunas de sus expresiones más frecuentes: "¿De qué sirven tantos rosarios? ¿Tantas congregaciones y devociones exteriores a la Santísima Virgen? ¡Cuánta ignorancia en tales prácticas! ¡Esto es poner en ridículo nuestra religión! ¡Hábleme, más bien, de los devotos de Jesucristo (frecuentemente lo nombran sin descubrirse, lo digo entre paréntesis). ¡Hay que recurrir a Jesucristo: El es nuestro único mediador! Hay que predicar a Jesucristo: ¡esto sí es sólido!"[75].

Y lo que dicen es verdad en cierto sentido. Pero la aplicación que hacen de ello para combatir la devoción a la Santísima Virgen es muy peligrosa, es un lazo sutil del espíritu maligno so pretexto de un bien mayor. Porque nunca se honra tanto a Jesucristo como cuando se honra a la Santísima Virgen. Efectivamente, si se la honra, es para honrar más perfectamente a Jesucristo; pues, si vamos a Ella, es para encontrar el camino que nos lleva a la meta, que es Jesucristo.

95 La Iglesia, con el Espíritu Santo, bendice primero a la Santísima Virgen y después a Jesucristo: *Bendita tú entre las mujeres y bendito el fruto de tu vientre, Jesús.* Y esto no porque la Virgen María sea mayor que Jesucristo o igual a El -lo cual sería intolerable herejía-, sino porque para bendecir más perfectamente a Jesucristo hay que bendecir primero a María[76]. Digamos, pues, con todos los verdaderos devotos de la Santísima Virgen y contra sus falsos devotos escrupulosos: *María, bendita tú entre todas las mujeres y bendito es el fruto de tu vientre, Jesús* (Lc 1,42).

---

[75] El culto de María jamás de opone al de su Hijo: Ella busca la gloria de Jesús y la realización del proyecto de amor que el Padre le ha encomendado en la salvación de los hombres, mientras coopera siempre con la acción del Espíritu Santo, en disponibilidad absoluta.

[76] Ver VD 224-225.

3. LOS DEVOTOS EXTERIORES

96 Los devotos *exteriores* son personas que cifran toda su devoción a María en prácticas externas. Sólo gustan de lo exterior de esta devoción, porque carecen de espíritu interior. Rezan muchos rosarios, pero atropelladamente. Oyen muchas misas, pero sin atención. Se inscriben en todas las cofradías marianas, pero sin enmendar su vida, sin vencer sus pasiones, sin imitar las virtudes de la Santísima Virgen. Sólo gustan de lo sensible de la devoción, no buscan lo sólido. De suerte que, si no experimentan algo sensible en sus prácticas piadosas, creen que no hacen nada, se desalientan y lo abandonan todo o lo hacen por rutina.

El mundo está lleno de esta clase de devotos exteriores. No hay gente que más critique a las personas de oración, que se empeñan en lo interior como lo esencial, aunque sin menospreciar la modestia exterior, que acompaña siempre a la devoción verdadera.

4. LOS DEVOTOS PRESUNTUOSOS

97 Los devotos *presuntuosos* son pecadores aletargados en sus pasiones o amigos de lo mundano. Bajo el hermoso nombre de cristianos y devotos de la Santísima Virgen esconden el orgullo, la avaricia, la lujuria, la embriaguez, el perjurio, la maledicencia o la injusticia, etc.; duermen pacíficamente en sus costumbres perversas, sin hacerse mucha violencia para corregirse, confiados en que son devotos de la Santísima Virgen; se prometen a sí mismos que Dios les perdonará, que no morirán sin confesión ni se condenarán, porque rezan el rosario, ayunan los sábados, pertenecen a la Cofradía del Santo Rosario, a la del escapulario u otras congregaciones, llevan el hábito o la cadenilla de la Santísima Virgen, etc.[77] .

---

[77] La auténtica devoción a María lleva a la conversión y a dejarse transformar por la Palabra de Dios, bajo la fuerza del Espíritu Santo (Lc 11,28); ver LG 56; VD 108.

Cuando se les dice que su devoción no es sino ilusión diabólica y perniciosa presunción, capaz de llevarlos a la ruina, se resisten a creerlo. Responden que Dios es bondad y misericordia; que no nos ha creado para la perdición; que no hay hombre que no peque; que no morirán sin confesión; que basta un buen "¡Señor, pequé!" (ver 2Sam 12,13) a la hora de la muerte. Y añaden que son devotos de la Santísima Virgen, que llevan el escapulario; que todos los días rezan puntual y humildemente siete padrenuestros y avemarías en su honor y algunas veces el rosario o el oficio de la Santísima Virgen; que ayunan, etc.

Para confirmar sus palabras y enceguecerse aún más, alegan algunos hechos verdaderos o falsos -poco importa- que han oído o leído, en los que se asegura que personas muertas en pecado mortal y sin confesión, gracias a que durante su vida habían rezado algunas oraciones o ejercitado algunas prácticas de devoción en honor de la Virgen, resucitaron para confesarse, o su alma permaneció milagrosamente en el cuerpo hasta que lograron confesarse, o a la hora de la muerte obtuvieron de Dios, por la misericordia de la Santísima Virgen, el perdón y la salvación. ¡Ellos esperan correr la misma suerte!

98   Nada en el cristianismo es tan perjudicial a las gentes como esta presunción diabólica. Porque ¿cómo puede alguien decir con verdad que ama y honra a la Santísima Virgen mientras con sus pecados hiere, traspasa, crucifica y ultraja despiadadamente a Jesucristo, su Hijo? Si María se obligara a salvar por su misericordia a esta clase de personas, ¡autorizaría el pecado y ayudaría a crucificar a su Hijo! Y esto, ¿quién osaría siquiera pensarlo?

99   Protesto que abusar así de la devoción a la Santísima Virgen –devoción que, después de la que se tiene a Nuestro Señor en el Santísimo Sacramento, es la más santa y sólida de todas– constituye un horrible sacrilegio: el mayor y menos digno de perdón después de la comunión sacrílega.

Confieso que para ser verdadero devoto de la Santísima Virgen no es absolutamente necesario que seas tan santo, que llegues a evitar todo pecado, aunque esto sería lo más deseable. Pero es preciso al menos (¡nota bien lo que digo!):

1. mantenerte sinceramente resuelto a evitar, por lo menos, todo pecado mortal, que ultraja tanto a la Madre como al Hijo;
2. violentarte para evitar el pecado;
3. inscribirte en las cofradías, rezar los cinco o los quince misterios del rosario u otras oraciones, ayunar los sábados, etc.

100 Todas estas buenas obras son maravillosamente útiles para lograr la conversión de los pecadores por endurecidos que estén. Y si tú, lector, fueras uno de ellos, aunque ya tuvieras un pie en el abismo..., te las aconsejo, a condición de que las realices con la única intención de alcanzar de Dios –por intercesión de la Santísima Virgen– la gracia de la contrición y el perdón de tus pecados y vencer tus hábitos malos, y no para permanecer tranquilamente en estado de pecado, no obstante los remordimientos de la conciencia, el ejemplo de Jesucristo y de los santos y las máximas del santo Evangelio.

5. LOS DEVOTOS INCONSTANTES

101 Los devotos *inconstantes* son los que honran a la Santísima Virgen a intervalos y como a saltos. Ya fervorosos, ya tibios... En un momento parecen dispuestos a emprenderlo todo por su servicio, poco después ya no son los mismos. Abrazan de momento todas las devociones a la Santísima Virgen y se inscriben en todas sus cofradías, pero luego no cumplen sus normas con fidelidad. Cambian como la luna (BenS 27,12). Y María los coloca debajo de sus pies (ver Ap 12,1), junto a la media luna, porque son volubles e indignos de ser contados entre los servidores de esta Virgen fiel, que se distingue por la fidelidad y la constancia.

Más vale no recargarse con tantas oraciones y prácticas devotas y hacer menos, pero con amor y fidelidad, a pesar del mundo, del demonio y de la carne.

6. LOS DEVOTOS HIPÓCRITAS

102 Hay todavía otros falsos devotos de la Santísima Virgen: los devotos *hipócritas*. Encubren sus pecados y costumbres pecaminosas bajo el manto de la Virgen fiel, a fin de pasar a los ojos de los demás por lo que no son.

7. LOS DEVOTOS INTERESADOS

103 Existen, finalmente, los devotos *interesados.* Son aquellos que sólo acuden a la Santísima Virgen para ganar algún pleito, evitar un peligro, curar de una enfermedad o por necesidades semejantes, sin las cuales no se acordarían de Ella. Unos y otros son falsos devotos, en nada aceptos a Dios ni a su santísima Madre.

104 Pongamos, pues, suma atención, a fin de no pertenecer al número de los devotos *críticos*, que no creen en nada, pero todo lo critican; de los devotos *escrupulosos*, que temen ser demasiado devotos a la Santísima Virgen por respeto a Jesucristo; de los devotos *exteriores*, que hacen consistir toda su devoción en prácticas exteriores; de los devotos *presuntuosos*, que, bajo el oropel de una falsa devoción a la Santísima Virgen, viven encenagados en el pecado; de los devotos *inconstantes*, que –por ligereza– cambian sus prácticas de devoción o las abandonan a la menor tentación; de los devotos *hipócritas*, que entran en las cofradías y visten la librea de la Santísima Virgen para hacerse pasar por santos, y finalmente, de los devotos *interesados*, que sólo recurren a la Santísima Virgen para librarse de males corporales o alcanzar bienes de este mundo.

CAPÍTULO III

LA VERDADERA DEVOCIÓN
A LA SANTÍSIMA VIRGEN

105 Después de haber desenmascarado y reprobado las falsas devociones a la Santísima Virgen, conviene presentar en pocas palabras la verdadera. Esta es:

1. interior;
2. tierna;
3. santa;
4. constante;
5. desinteresada[78].

1. DEVOCIÓN INTERIOR

106 Primero, la verdadera devoción a la Santísima Virgen es *interior*. Es decir, procede del espíritu y del corazón, de la estima que tienes de Ella, de la alta idea que te has formado de sus grandezas y del amor que le tienes.

2. DEVOCIÓN TIERNA

107 Segundo, ella es *tierna*, vale decir, llena de confianza en la Santísima Virgen, como la confianza del niño en su querida madre. Esta devoción hace que recurras a la Santísima Virgen en todas tus necesidades materiales y espirituales con gran sencillez, confianza y ternura, e implores la ayuda de tu bondadosa Madre en todo tiempo, lugar y circunstancia: en las dudas, para que te esclarezca; en los extravíos, para que te convierta al buen camino; en

---

[78] Ver LG 67.

las tentaciones, para que te sostenga; en las debilidades, para que te fortalezca; en las caídas, para que te levante; en los desalientos, para que te reanime; en los escrúpulos, para que te libre de ellos; en las cruces, afanes y contratiempos de la vida, para que te consuele. Finalmente, en todas las dificultades materiales y espirituales, María es tu recurso ordinario, sin temor de importunar a tu bondadosa Madre ni desagradar a Jesucristo.

3. DEVOCIÓN SANTA

108 Tercero, la verdadera devoción a la Santísima Virgen es *santa*. Es decir, te lleva a evitar el pecado e imitar las virtudes de la Santísima Virgen, y en particular su humildad profunda, su fe viva, su obediencia ciega[79], su oración continua, su mortificación universal, su pureza divina, su caridad ardiente, su paciencia heroica, su dulzura angelical y su sabiduría divina. Estas son las diez principales virtudes de la santísima Virgen.

4. DEVOCIÓN CONSTANTE

109 Cuarto, la verdadera devoción a la Santísima Virgen es *constante*. Te consolida en el bien y hace que no abandones fácilmente las prácticas de devoción. Te anima para que puedas oponerte a lo mundano y sus costumbres y máximas; a lo carnal y sus molestias y pasiones; al diablo y sus tentaciones. De suerte que, si eres verdaderamente devoto de la Santísima Virgen, huirán de ti la veleidad, la melancolía, los escrúpulos y la cobardía. Lo que no quiere decir que no caigas algunas veces ni experimentes cambios en tu devoción sensible. Pero, si caes, te levantarás

---

[79] La colaboración de María a la obra de la salvación fue de absoluta y total disponibilidad y consagración al proyecto de Dios. Ver LG 56; SM 40; VD 81.119.121.122.173-175.177.178.206...

tendiendo la mano a tu bondadosa Madre; si pierdes el gusto y la devoción sensibles, no te acongojarás por ello. Porque el justo y fiel devoto de María vive de la fe de Jesús y de María y no de los sentimientos corporales (ver Heb 10,34)[80].

5. DEVOCIÓN DESINTERESADA

110 Quinto, por último, la verdadera devoción a la Santísima Virgen es *desinteresada*. Es decir, te inspirará no buscarte a ti mismo, sino sólo a Dios en su santísima Madre. El verdadero devoto de María no sirve a esta augusta Reina por espíritu de lucro o interés ni por su propio bien temporal o eterno, corporal o espiritual, sino únicamente porque Ella merece ser servida y sólo Dios en Ella. Ama a María, pero no precisamente por los favores que recibe o espera recibir de Ella, sino porque Ella es amable. Por eso la ama con la misma fidelidad en los sinsabores y sequedades que en las dulzuras y fervores sensibles. La ama lo mismo en el Calvario que en las bodas de Caná.

¡Ah! ¡Cuán agradable y precioso es delante de Dios y de su santísima Madre el devoto de María que no se busca a sí mismo en los servicios que le presta! Pero ¡qué pocos hay así! Para que no sea tan reducido ese número, estoy escribiendo lo que durante tantos años he enseñado en mis misiones pública y privadamente con no escaso fruto.

111 Muchas cosas he dicho ya de la Santísima Virgen. Muchas más tengo que decir. E infinitamente más serán las que omita, ya por ignorancia, ya por falta de talento o tiempo. Cuanto digo responde al propósito que tengo de hacer de ti un verdadero devoto de María y un auténtico discípulo de Jesucristo.

---

[80] Ver VD 214.

112 ¡Oh! ¡qué bien pagado quedaría mi esfuerzo si este humilde escrito cae en manos de una persona bien dispuesta, nacida de Dios y de María y *no de linaje humano, ni por impulso de la carne ni por deseo de varón* (Jn 1,13); le descubre e inspira, por gracia del Espíritu Santo, la excelencia y precio de la verdadera y sólida devoción a la Santísima Virgen que ahora voy a exponerte! ¡Si supiera que mi sangre pecadora serviría para hacer penetrar en tu corazón, lector amigo, las verdades que escribo en honor de mi amada Madre y soberana Señora, de quien soy el último de los hijos y esclavos, con mi sangre, en vez de tinta, trazaría estas líneas, pues abrigo la esperanza de hallar personas generosas que, por su fidelidad a la práctica que voy a enseñarte, resarcirán a mi amada Madre y Señora por los daños que ha sufrido a causa de mi ingratitud e infidelidad!

113 Hoy me siento, más que nunca, animado a creer y esperar aquello que tengo profundamente grabado en el corazón y que vengo pidiendo a Dios desde hace muchos años, a saber, que tarde o temprano la Santísima Virgen tenga más hijos, servidores y esclavos de amor[81] que nunca, y que, por este medio, Jesucristo, mi Señor, reine como nunca en los corazones.

114 Preveo claramente que muchas bestias rugientes llegan furiosas a destrozar con sus diabólicos dientes este humilde escrito y a aquel de quien el Espíritu Santo se ha servido para redactarlo, o sepultar, al menos, estas líneas en las tinieblas o en el silencio de un cofre a fin de que no sea publicado[82]. Atacarán, incluso, a quienes lo lean y pongan en práctica. Pero ¡qué importa! ¡Tanto mejor! ¡Esta perspectiva me anima y hace esperar un gran éxito, es decir, la formación de un gran escuadrón de aguerridos y valientes

---

[81] "Hijos, servidores y esclavos de amor", son una y misma realidad.
[82] Todo sucedió a la letra. El manuscrito quedó escondido a partir de la Revolución francesa (1789) hasta 1842 en que el P. RAUTUREAU lo encontró entre los libros de la Casa General de la Compañía de María.

soldados de Jesús y de María, de uno y otro sexo, que combatirán al mundo, al demonio y a la naturaleza corrompida en los tiempos –como nunca peligrosos– que van a llegar!

Entiéndelo, lector (Mt 24,15).
El que pueda con eso, que lo haga (Mt 19,12).

CAPÍTULO IV

DIVERSAS PRÁCTICAS DE DEVOCIÓN A MARÍA

1. PRÁCTICAS COMUNES

115 La verdadera devoción a la Santísima Virgen puede expresarse *interiormente* de diversas maneras. He aquí, en resumen, las principales:

1. honrarla, como a digna Madre de Dios, con culto de hiperdulía, es decir, estimarla y venerarla más que a todos los otros santos, por ser Ella la obra maestra de la gracia y la primera después de Jesucristo, verdadero Dios y verdadero hombre;
2. meditar sus virtudes, privilegios y acciones;
3. contemplar sus grandezas;
4. ofrecerle actos de amor, alabanza, acción de gracias;
5. invocarla de corazón;
6. ofrecerse y unirse a Ella;
7. realizar todas las acciones con intención de agradarla;
8. comenzar, continuar y concluir las acciones por Ella, en Ella, con Ella y para Ella, a fin de hacerlas por Jesucristo, en Jesucristo, con Jesucristo y para Jesucristo, nuestra meta definitiva.

Más adelante explicaremos esta última práctica[83].

---

[83] Ver VD 257ss.

116 La verdadera devoción a la Santísima Virgen tiene también varias prácticas exteriores. Estas son las principales:

1. inscribirse en sus cofradías y entrar en las congregaciones marianas;
2. entrar en las órdenes o institutos religiosos fundados para honrarla;
3. publicar sus alabanzas;
4. hacer en su honor limosnas, ayunos y mortificaciones espirituales y corporales.
5. llevar sus libreas, como el santo rosario, el escapulario o la cadenilla;
6. rezar atenta y modestamente el santo rosario, compuesto de quince decenas de avemarías, en honor de los quince principales misterios de Jesucristo, o la tercera parte del rosario, que son cinco decenas, en honor de los cinco misterios gozosos (anunciación, visitación, nacimiento de Jesucristo, purificación y el Niño perdido y hallado en el templo); o de los cinco misterios dolorosos (agonía de Jesús en el huerto, flagelación, coronación de espinas, subida al Calvario con la cruz a cuestas y crucifixión y muerte de Jesús); o de los cinco misterios gloriosos (resurrección de Jesucristo, ascensión del Señor, venida del Espíritu Santo, asunción y coronación de María por las tres personas de la Santísima Trinidad); o una corona de seis o siete decenas en honor de los años que, según se cree, vivió sobre la tierra la Santísima Virgen; o la coronilla de la Santísima Virgen, compuesta de tres *padrenuestros* y doce *avemarías*, en honor de su corona de doce estrellas o privilegios; o el oficio de Santa María Virgen, tan universalmente aceptado y rezado en la Iglesia; o el salterio menor de María Santísima, compuesto en honor suyo por San Buenaventura, y que inspira afectos tan tiernos y devotos que no se puede rezar sin conmoverse; o catorce *padrenuestros* y *avemarías* en honor de sus catorce alegrías; u otras oraciones, himnos y cánticos de la Iglesia, como la *Salve; Madre del Redentor; Salve, Reina de los cielos* o *Reina de*

los cielos –*según los tiempos litúrgicos*–; el himno *Salve,
de mares Estrella*; la antífona *¡Oh gloriosa Señora!*, el
Magnificat, etc., u otras piadosas plegarias de que están
llenos los devocionarios;

7. cantar y hacer cantar en su honor cánticos espirituales;
8. hacer en su honor cierto número de genuflexiones o
   reverencias, diciéndole, por ejemplo, todas las mañanas
   sesenta o cien veces: *Dios te salve, María, Virgen fiel*, para
   alcanzar de Dios, por mediación suya, la fidelidad a la
   gracia durante todo el día; y por la noche: *Dios te salve,
   María, Madre de misericordia*, para implorar de Dios, por
   medio de Ella, el perdón de los pecados cometidos
   durante el día;
9. mostrar interés por sus cofradías, adornar sus altares,
   coronar y embellecer sus imágenes;
10. organizar procesiones y llevar en ellas sus imágenes y
    llevar una consigo, como arma poderosa contra el
    demonio;
11. hacer pintar o grabar sus imágenes o su monograma y
    colocarlas en las iglesias, las casas o los dinteles de las
    puertas y entrada de las ciudades, de las iglesias o de
    las casas;
12. consagrarse a Ella en forma especial y solemne.

117 Existen muchas formas de verdadera devoción a la
Santísima Virgen[84] inspiradas por el Espíritu Santo a las
personas santas y que son muy eficaces para la santificación.
Pueden leerse, en extenso, en *El paraíso abierto a Filagia*[85],
compuesto por el R.P. Pablo Barry, S.J., quien ha recopilado
en esta obra gran número de devociones practicadas por
los santos en honor de la Santísima Virgen. Estas devociones
constituyen maravillosos medios de santificación, siempre
que se hagan con las debidas disposiciones, es decir: 1. con
la buena y recta intención de agradar a Dios sólo, unirse a

---

[84] Los Padres del Concilio Vaticano II recuerdan y aprueban las devociones
marianas reconocidas por la Iglesia; ver LG 66; MC, Intr.

[85] El P. DE MONTFORT recuerda las condiciones con las cuales las prácticas exteriores de devoción a María se hacen santificadoras.

Jesucristo, nuestra meta final, y edificar al prójimo; 2. con atención, sin distracciones voluntarias; 3. con devoción, sin precipitación ni negligencia; 4. con modestia y compostura corporal respetuosa y edificante.

2. LA PRÁCTICA MÁS PERFECTA

118 Después de todo, protesto abiertamente que -aunque he leído todos los libros que tratan de la devoción a la Santísima Virgen[86] y conversado familiarmente con las personas más santas y sabias de estos últimos tiempos- no he logrado conocer ni aprender una práctica de devoción semejante a la que voy a explicar, que te exija más sacrificios por Dios, te libre más de ti mismo y de tu egoísmo, te conserve más firme y fielmente en la gracia y la gracia en ti, te una más perfecta y fácilmente[87] a Jesucristo y sea más gloriosa para Dios, más santificadora para ti mismo y más útil al prójimo.

119 Dado que lo esencial de esta devoción consiste en el interior que ella debe formar, no será igualmente comprendida por todos: algunos se detendrán en lo que tiene de exterior, sin pasar de ahí: será el mayor número; otros, en número reducido, penetrarán en lo interior de la misma, pero se quedarán en el primer grado. ¿Quién subirá al segundo? ¿Quién llegará hasta el tercero? ¿Quién, finalmente, permanecerá en él habitualmente? Sólo aquel a quien el Espíritu Santo de Jesucristo revele este secreto y lo conduzca por sí mismo para hacerlo avanzar de virtud en virtud, de gracia en gracia, de luz en luz, hasta transformarlo en Jesucristo y llevarlo a la plenitud de su madurez sobre la tierra y perfección de su gloria en el cielo.

---

[86] Siendo seminarista, el P. DE MONTFORT fue bibliotecario. Tuvo entonces la oportunidad de leer y sacar notas abundantes. Esos apuntes nos han quedado en un grueso Cuaderno de Notas. J.B. BLAIN, amigo del santo, testifica también su sed de lectura mariana.

[87] Ver LG 60.66.

TERCERA PARTE

LA PERFECTA CONSAGRACIÓN A JESUCRISTO[88]

CAPÍTULO I

CONTENIDOS ESENCIALES DE LA CONSAGRACIÓN

120 La plenitud de nuestra perfección consiste en asemejarnos, vivir unidos y consagrados a Jesucristo[89]. Por consiguiente, la más perfecta de todas las devociones es, sin duda alguna, la que nos asemeja, une y consagra más perfectamente a Jesucristo. Ahora bien, María es la creatura más semejante a Jesucristo. Por consiguiente, la devoción que mejor nos consagra y hace semejantes a Nuestro Señor es la devoción a su santísima Madre. Y cuanto más te consagres a María, tanto más te unirás a Jesucristo.

La perfecta consagración a Jesucristo es, por lo mismo, una perfecta y total consagración de sí mismo a la Santísima Virgen. Esta es la devoción que yo enseño, y que consiste -en otras palabras- en una perfecta renovación de los votos y promesas bautismales[90].

---

[88] Con grandes letras escribió el autor este título. Algunos lo han creído tan importante que han querido darlo a toda la obra en lugar del de *Tratado de la Verdadera Devoción*.

[89] Ver VD 61-62.

[90] La consagración que el P. DE MONTFORT propone como pertenencia total a Jesús por María es una perfecta renovación de la consagración bautismal (VD 126ss).

1. CONSAGRACIÓN PERFECTA Y TOTAL

121 Consiste, pues, esta devoción, en una entrega total a la Santísima Virgen, para pertenecer, por medio de Ella, totalmente a Jesucristo. Hay que entregarle:

1. el cuerpo con todos sus sentidos y miembros;
2. el alma con todas sus facultades;
3. los bienes exteriores -llamados de fortuna- presentes y futuros;
4. los bienes interiores y espirituales, o sea, los méritos, virtudes y buenas obras pasadas, presentes y futuras.

En dos palabras: cuanto tenemos, o podamos tener en el futuro, en el orden de la naturaleza, de la gracia y de la gloria, sin reserva alguna –ni de un céntimo, ni de un cabello, ni de la menor obra buena–, y esto por toda la eternidad, y sin esperar por nuestra ofrenda y servicio más recompensa que el honor de pertenecer a Jesucristo por María y en María, aunque esta amable Señora no fuera -como siempre lo es– la más generosa y agradecida de las creaturas.

122 Conviene advertir que en las buenas obras que hacemos hay un doble valor: la satisfacción y el mérito, o sea, el valor satisfactorio o impetratorio y el valor meritorio.

El valor satisfactorio o impetratorio de una buena obra es la misma obra buena en cuanto satisface por la pena debida por el pecado u obtiene alguna nueva gracia. En cambio, el valor meritorio o mérito es la misma obra buena, en cuanto merece la gracia y la gloria eterna.

Ahora bien, en esta consagración de nosotros mismos a la Santísima Virgen le entregamos todo el valor satisfactorio, impetratorio y meritorio. Es decir, las satisfacciones y méritos de todas nuestras buenas obras. Le entregamos nuestros méritos, gracias y virtudes, no para que los comunique a otros -porque nuestros méritos, gracias y virtudes, estrictamente hablando, son incomunicables; únicamente Jesucristo, haciéndose fiador nuestro ante el Padre, ha podido comunicarnos sus méritos–, sino para que nos los conserve, aumente y embellezca, como veremos más adelante[91]. Le entregamos nuestras satisfacciones para que las comunique a quien mejor le plazca y para mayor gloria de Dios.

123 De donde se deduce que:

1. por esta devoción entregas a Jesucristo, de la manera más perfecta –puesto que lo entregas por manos de María–, todo cuanto le puedes dar y mucho más que por las demás devociones, por las cuales le entregas solamente parte de tu tiempo, de tus buenas obras, satisfacciones y mortificaciones.

Por esta consagración le entregas y consagras todo, hasta el derecho de disponer de tus bienes interiores y satisfacciones que cada día puedes ganar por tus buenas obras, lo cual no se hace ni siquiera en las órdenes o institutos religiosos. En éstos se dan a Dios los bienes de fortuna por el voto de pobreza, los bienes del cuerpo por el voto de castidad; la propia voluntad, por el voto de obediencia, y algunas veces la libertad corporal, por el voto de clausura. Pero no se entrega a Dios la libertad o el derecho de disponer de las buenas obras, ni se despoja uno, cuanto es posible, de lo más precioso y caro que posee el cristiano, a saber: los méritos y satisfacciones.

124 2. Una persona que se consagra y entrega voluntariamente a Jesucristo por medio de María, no puede ya disponer del valor de ninguna de sus buenas obras; todo lo bueno que padece, piensa, dice y hace pertenece a María, quien puede disponer de ello según la voluntad y mayor gloria de su Hijo.

---

[91]   Ver VD 146ss.

Esta entrega, sin embargo, no perjudica en nada a las obligaciones del estado presente o futuro en que se encuentre la persona; por ejemplo, los compromisos de un sacerdote, que, por su oficio u otro motivo cualquiera, debe aplicar el valor satisfactorio e impetratorio de la Santa Misa a un particular. Porque no se hace esta consagración sino según el orden establecido por Dios y los deberes del propio estado.

125 3. Esta devoción nos consagra, al mismo tiempo, a la Santísima Virgen y a Jesucristo. A la Santísima Virgen, como al medio perfecto escogido por Jesucristo para unirse a nosotros, y a nosotros con Él. A Nuestro Señor, como a nuestra meta final, a quien debemos todo lo que somos, ya que es nuestro Dios y Redentor.

2. PERFECTA RENOVACIÓN DE LAS PROMESAS BAUTISMALES

126 He dicho que esta devoción puede muy bien definirse como una perfecta renovación de las promesas del Santo Bautismo.

De hecho, antes del Bautismo, todo cristiano era esclavo del demonio, a quien pertenecía. Por su propia boca o las de sus padrinos, renunció en el Bautismo a Satanás, a sus pompas y a sus obras, y eligió a Jesucristo como a su Dueño y Señor, para depender de Él en calidad de esclavo de amor. Es precisamente lo que hacemos por la presente devoción: renunciar –la fórmula de consagración lo dice expresamente– al demonio, al mundo, al pecado y a nosotros mismos y consagrarnos totalmente a Jesucristo por manos de María. Pero hacemos algo más: en el Bautismo hablamos ordinariamente por boca de otros –los padrinos– y nos consagramos a Jesucristo por procurador. Mientras que en esta devoción nos consagramos por nosotros mismos, voluntariamente y con conocimiento de causa.

En el Santo Bautismo no nos consagramos explícitamente por manos de María ni entregamos a Jesucristo el valor de nuestras buenas acciones. Y después de él quedamos completamente libres para aplicar dicho valor a quien queramos o conservarlo para nosotros. Por esta devoción, en cambio, nos consagramos expresamente a Nuestro Señor por manos de María y le entregamos el valor de todas nuestras buenas acciones.

127 "Los hombres hacen voto en el Bautismo –dice Santo Tomás– de renunciar al diablo y a sus pompas". Y "este voto –había dicho San Agustín– es el mayor y más indispensable". Lo mismo afirman los canonistas: "El voto principal es el que hacemos en el Bautismo". Sin embargo, ¿quién cumple este voto tan importante? ¿Quién observa con fidelidad las promesas del Santo Bautismo? ¿No traicionan casi todos los cristianos la fe prometida a Jesucristo en el Bautismo? ¿De dónde proviene este desconcierto universal? ¿No es, acaso, del olvido en que se vive de las promesas y compromisos del Santo Bautismo y de que casi nadie ratifica por sí mismo el *contrato de alianza hecho con Dios* por sus padrinos?

128 Es tan cierto esto, que el concilio de Sens, convocado por orden de Ludovico Pío para poner remedio a los desórdenes de los cristianos, juzgó que la causa principal de tanta corrupción de las costumbres provenía del olvido e ignorancia en que vivían las gentes acerca de los compromisos del Santo Bautismo, y no encontró remedio más eficaz para combatir tamaño mal que excitar a los cristianos a renovar las promesas y votos bautismales[92].

---

92 En el No. 48 de la RMat, el Papa Juan Pablo II presenta a san Luis de Montfort como *Testigo y Maestro* de espiritualidad mariana por la renovación y vivencia en su consagración de las promesas bautismales. Es nota recibida de la tradición de la "Escuela francesa de espiritualidad". El Papa Clemente XI (junio 6 de 1706) había confirmado esta línea de apostolado monfortiano y dado al P. de Montfort el título de «Misionero apostólico». La fórmula "clásica" de consagración que el P. de Montfort nos propone (ver ASE 225) y las de sus "contratos de alianza" insisten en ello (ver Obras BAC 451, 623-626). Por su parte, el

129 El *Catecismo del concilio de Trento*, fiel intérprete de las intenciones de este santo concilio, exhorta a los párrocos a hacer lo mismo y a acostumbrar al pueblo fiel a recordar y creer que los cristianos han sido consagrados a Jesucristo, Señor y Redentor nuestro. Estas son sus palabras: "El párroco exhortará al pueblo fiel para hacerle comprender que nosotros, más que cualquier hombre, debemos ofrecernos y consagrarnos eternamente como esclavos a Nuestro Señor y Redentor"[93].

130 Ahora bien, si los concilios, los Padres y la misma experiencia nos demuestran que el mejor remedio contra los desórdenes de los cristianos es hacerles recordar las obligaciones del Bautismo y renovar las promesas que en él hicieron, ¿no será acaso razonable hacerlo ahora de manera perfecta mediante esta devoción y consagración a Nuestro Señor por medio de su amantísima Madre?[94]. Digo de "manera perfecta" porque para consagrarnos a Jesucristo utilizamos el más perfecto de todos los medios, que es la Santísima Virgen.

3. RESPUESTA A ALGUNAS OBJECIONES

131 Alguien puede objetar que esta devoción es nueva o sin importancia. No es nueva: los concilios, los Padres y muchos autores antiguos y modernos hablan de dicha consagración a Jesucristo o renovación de las promesas del

---

PAPA PABLO VI invitaba a "dar al hecho de haber recibido el Santo Bautismo toda su importancia" (Ver *Ecclesiam suam*, 6-8-1964). La liturgia de la Vigilia Pascual nos ofrece también una fórmula concreta de renovación de las promesas bautismales. Lo característico de Montfort es la referencia a la Madre de Jesús y de la Iglesia y su ubicación en la historia de la salvación.
93 Ver VD 12.
94 El PAPA PÍO XII, al celebrar los 25 años de las apariciones de Fátima consagró el mundo entero al Corazón Inmaculado de María (1942). Varias naciones lo hicieron siguiendo su ejemplo. PABLO VI renovó más de una vez esa consagración (Nov. 21 /64) e invitó a todos los cristianos a renovarla (ver *Signum Magnum*, 13-5-1967; con ocasión del cincuentenario de Fátima). Y JUAN PABLO II renueva constantemente la consagración total a María y la repite en todos sus viajes misioneros.

Santo Bautismo como de una práctica antigua aconsejada por ellos a todos los cristianos. No es de poca importancia, puesto que la fuente principal de todos los desórdenes, y, por consiguiente, de la condenación de los cristianos, procede del olvido e indiferencia respecto de esta práctica.

132 Pudiera alguno decir que esta devoción nos imposibilita para socorrer a las almas de nuestros parientes, amigos y bienhechores, dado que nos hace entregar a Nuestro Señor, por manos de la Santísima Virgen, el valor de todas nuestras buenas obras, oraciones, mortificaciones y limosnas.

Le respondo:

Primero, que no es creíble que nuestros amigos, parientes y bienhechores salgan perjudicados porque nos entreguemos y consagremos sin reserva al servicio de Nuestro Señor y su santísima Madre. Suponerlo sería menoscabar el poder y bondad de Jesús y de María, quienes sabrán ayudar a nuestros parientes, amigos y bienhechores sea con nuestra módica renta espiritual, sea con otros medios.

Segundo, que esta devoción no impide orar por los demás –vivos o difuntos–, aunque la aplicación de nuestras buenas obras dependa de la voluntad de la Santísima Virgen. Al contrario, nos llevará a rogar con mayor confianza. Sucede como a la persona rica que hubiera cedido todos sus bienes a un gran príncipe para honrarlo más: ella rogaría con mayor confianza a este príncipe que dé una limosna a un amigo suyo que se la pide. El príncipe hasta se sentiría feliz de encontrar la oportunidad de manifestar su gratitud a quien se ha despojado de todo para honrarlo y se ha empobrecido para enriquecerlo. Lo mismo cabe decir de Nuestro Señor y de la Santísima Virgen, que jamás se dejarán vencer en gratitud[95].

---

[95] Ver VD 171.

133 Otro objetará tal vez: "Si doy a la Santísima Virgen todo el valor de mis acciones para que lo aplique a quien Ella quiera, ¡quizá tenga yo que padecer largo tiempo en el purgatorio!"

Esta objeción proviene del amor propio y de la ignorancia que tenemos respecto a la generosidad divina y la de la Santísima Virgen. Y se destruye por sí sola. ¿Es posible, acaso, que una persona ferviente y generosa que vela con mayor empeño por los intereses de Dios que por los propios, da a Dios sin reserva cuanto posee -de suerte que ya no puede dar más: *Non plus ultra*-, tiene como única aspiración la gloria de Dios y el reinado de Jesucristo por medio de su santísima Madre y se sacrifica totalmente para alcanzar este fin..., será posible -repito- que persona tan noble y generosa sea más castigada en la otra vida por haber sido en ésta más generosa y desinteresada que las otras? ¡Nada de esto! El Señor y su Madre santísima -lo veremos en seguida- se mostrarán generosísimos en este mundo y en el otro, en el orden de la naturaleza, de la gracia y de la gloria, precisamente con esta persona.

134 Conviene ver ahora –con la mayor brevedad– los motivos que hablan en favor de esta devoción, los admirables *efectos* que produce en las almas fieles y sus principales *prácticas*.

CAPÍTULO II

MOTIVOS EN FAVOR DE ESTA DEVOCIÓN

1. ESTA DEVOCIÓN NOS CONSAGRA TOTALMENTE
   AL SERVICIO DE DIOS

135 *Primer motivo que nos manifiesta la excelencia de la consagración de sí mismo a Jesucristo por manos de María.*

No se puede concebir ocupación más noble en este mundo que la de servir a Dios. El último de los servidores de Dios es más rico, poderoso y noble que todos los reyes y emperadores si éstos no sirven a Dios. ¿Cuál no será entonces la riqueza, poder, dignidad del auténtico y perfecto servidor de Dios, que se consagra enteramente, sin reserva y en cuanto le es posible, a su servicio?[96].

Tal viene a ser, en efecto, el esclavo fiel y amoroso de Jesucristo en María, consagrado totalmente, por manos de la Santísima Virgen, a ese Rey de reyes, sin reservarse nada para sí mismo. Ni todo el oro del mundo ni las bellezas del cielo alcanzan para pagarlo.

136 Las demás congregaciones, asociaciones y cofradías erigidas en honor de Nuestro Señor y de su Madre santísima, y que tan grandes bienes producen en la cristiandad, no obligan a entregarlo todo sin reserva. Prescriben, ciertamente, a sus asociados algunas prácticas para que cumplan los compromisos adquiridos, pero les dejan libres las demás acciones y el resto del tiempo.

Esta devoción, en cambio, exige entregar a Jesús y a María todos los pensamientos, palabras, acciones y sufrimientos y todos los momentos de la vida. De quien ha optado por

---

[96] Ver LG 36: servir por Cristo y como Cristo es reinar.

ella se podrá, pues, decir, con toda verdad, que cuanto hace —vele o duerma, coma o beba, realice acciones importantes u ordinarias– pertenece a Jesús y a María gracias a la consagración que ha hecho, a no ser que la haya retractado expresamente. ¡Qué consuelo!

137 Además –como ya he dicho[97]– no hay práctica que nos libere más fácilmente de cierto resabio de amor propio que se desliza imperceptiblemente en las mejores acciones. Esta gracia insigne la concede Nuestro Señor en reconocimiento por el acto heroico y desinteresado de entregarle, por las manos de su santísima Madre, todo el valor de las buenas acciones. Si ya en este mundo da el céntuplo a los que por su amor dejan los bienes exteriores, temporales y perecederos (ver Mt 19,29), ¿qué no dará a quienes sacrifican aun los bienes interiores y espirituales?

138 Jesús, nuestro mejor amigo, se entregó a nosotros sin reserva, en cuerpo y alma, con sus virtudes, gracias y méritos. "Me ganó totalmente entregándose todo", dice San Bernardo. ¿No será, pues, un deber de justicia y gratitud darle todo lo que podemos? El fue el primero en mostrarse generoso con nosotros; seámoslo con El –lo exige la gratitud–, y El se manifestará aún más generoso durante nuestra vida, en la muerte y por la eternidad: *Eres generoso con el generoso* (ver Sal 18 [17],26).

2. ESTA DEVOCIÓN HACE QUE IMITEMOS EL EJEMPLO DE JESUCRISTO

139 *Segundo motivo que nos demuestra que es en sí justo y ventajoso para el cristiano el consagrase totalmente a la Santísima Virgen mediante esta práctica a fin de pertenecer más perfectamente a Jesucristo.*

---

[97]   Ver VD 110.

Este buen Maestro no desdeñó encerrarse en el seno de la Santísima Virgen como prisionero y esclavo de amor, ni de vivir sometido y obediente a Ella durante treinta años. Ante esto –lo repito– se anonada la razón humana, si reflexiona seriamente en la conducta de la Sabiduría encarnada, que no quiso –aunque hubiera podido hacerlo– entregarse directamente a los hombres, sino que prefirió comunicarse a ellos por medio de la Santísima Virgen; ni quiso venir al mundo a la edad de varón perfecto, independiente de los demás, sino como niño pequeño y débil, necesitado de los cuidados y asistencia de su santísima Madre.

Esta Sabiduría infinita, inmensamente deseosa de glorificar a Dios, su Padre, y salvar a los hombres, no encontró medio más perfecto y rápido para realizar sus anhelos que someterse en todo a la Santísima Virgen, no sólo durante los ocho, diez o quince primeros años de su vida -como los demás niños-, sino durante treinta años. Y durante este tiempo de sumisión y dependencia glorificó más al Padre que si hubiera empleado estos años en hacer milagros, predicar por toda la tierra y convertir a todos los hombres.

¡Que si no, hubiera hecho esto! ¡Oh! ¡Cuán altamente glorifica a Dios quien, a ejemplo de Jesucristo, se somete a María!

Teniendo, pues, ante los ojos ejemplo tan claro y universalmente reconocido, ¿seremos tan insensatos que esperemos hallar medio más perfecto y rápido para glorificar a Dios que no sea el someternos a María, a imitación de su Hijo?

140 En prueba de la dependencia en que debemos vivir respecto a la Santísima Virgen, recuerda cuanto hemos dicho[98] al aducir el ejemplo que el Padre, el Hijo y el Espíritu Santo nos ofrecen de dicha dependencia.

---

[98] Ver VD 14-39.

El Padre no dio ni da su Hijo sino por medio de María, no se forma hijos adoptivos ni comunica sus gracias sino por Ella. Dios Hijo se hizo hombre para todos solamente por medio de María, no se forma ni nace cada día en las almas sino por Ella en unión con el Espíritu Santo, ni comunica sus méritos y virtudes sino por Ella. El Espíritu Santo no formó a Jesucristo sino por María y sólo por Ella[99] forma a los miembros de su Cuerpo místico y reparte sus dones y virtudes.

Después de tantos y tan apremiantes ejemplos de la Santísima Trinidad, ¿podremos, acaso –a no ser que estemos completamente ciegos–, prescindir de María, no consagrarnos ni someternos a Ella para ir a Dios y sacrificarnos a El?

141 Veamos ahora algunos pasajes de los Padres, que he seleccionado para probar lo que acabo de afirmar:

"Dos hijos tiene María: un Hombre-Dios y un hombre-hombre. Del primero es madre corporal; del segundo, madre espiritual"[100].

"La voluntad de Dios es que todo lo tengamos por María. Debemos reconocer que la esperanza, gracia y dones que tenemos dimanan de Ella"[101].

"Ella distribuye todos los dones y virtudes del Espíritu Santo a quien quiere, cuando quiere, como quiere y en la medida que Ella quiere"[102].

"Dios lo entregó todo a María, para que lo recibieras por medio de Ella, pues tú eras indigno de recibirlo directamente de El"[103].

---

99   Ver LG 62; MC 17
100   CONRADO DE SAJONIA.
101   SAN BERNARDO..
102   SAN BERNARDINO..
103   SAN BERNARDO.

142 Viendo Dios que somos indignos de recibir sus gracias inmediatamente de sus manos -dice San Bernardo- las da a María, para que por Ella recibamos cuanto nos quiere dar. Añadamos que Dios cifra su gloria en recibir, de manos de María, el tributo de gratitud, respeto y amor que le debemos por sus beneficios.

Es, pues, muy justo imitar la conducta de Dios, "para que -añade el mismo San Bernardo- la gracia vuelva a su autor por el mismo canal por donde vino a nosotros".

Esto es lo que hacemos con nuestra devoción: ofrecemos y consagramos a la Santísima Virgen cuanto somos y tenemos, a fin de que Nuestro Señor reciba por su mediación la gloria y el reconocimiento que le debemos, y nos reconocemos indignos e incapaces de acercarnos por nosotros mismos a su infinita Majestad. Por ello acudimos a la intercesión de la Santísima Virgen.

143 Esta práctica constituye, además, un ejercicio de profunda humildad, virtud que Dios prefiere a todas las otras. Quien se ensalza rebaja a Dios; quien se humilla lo glorifica. *Dios se enfrenta a los arrogantes, pero concede gracia a los humildes* (Sant 4,6). Si te humillas creyéndote indigno de presentarte y acercarte a Él, Dios se abaja y desciende para venir a ti, complacerse en ti y elevarte, aun a pesar tuyo. Pero si te acercas a Él atrevidamente, sin mediador, Él se aleja de ti y no podrás alcanzarlo.

¡Oh! ¡Cuánto ama Él la humildad de corazón! Y a esta humildad precisamente nos conduce la práctica de esta devoción. Que nos enseña a no acercarnos jamás a Nuestro Señor por nosotros mismos –por amable y misericordioso que Él sea–, sino a servirnos siempre de la intercesión de la Santísima Virgen, para presentarnos ante Dios, hablarle y acercarnos a Él, ofrecerle algo o unirnos y consagrarnos a Él.

3. ESTA DEVOCIÓN NOS ALCANZA LA PROTECCIÓN MATERNAL DE MARÍA

1. *María se da a su esclavo*

144 *Tercer motivo.* La Santísima Virgen es Madre de dulzura y misericordia, y jamás se deja vencer en amor y generosidad. Viendo que te has entregado totalmente a Ella para honrarla y servirla y te has despojado de cuanto más amas para adornarla, se entrega también a ti plenamente y en forma inefable. Hace que te abismes en el piélago de sus gracias, te adorna con sus méritos, te apoya con su poder, te ilumina con su luz, te inflama con su amor, te comunica sus virtudes: su humildad, su fe, su pureza, etc.; se constituye tu fiadora, tu suplemento y tu todo ante Jesús. Por último, dado que como consagrado perteneces totalmente a María, también Ella te pertenece en plenitud. De suerte que, en cuanto perfecto servidor e hijo de María, puedes repetir lo que dijo de sí mismo el evangelista San Juan: *El discípulo la tuvo en su casa* (Jn 19,27)[104] como su único bien.

145 Este comportamiento, observado con fidelidad, produce en tu alma gran desconfianza, desprecio y aborrecimiento de ti mismo, y a la vez, inmensa confianza y total entrega en manos de la Santísima Virgen, tu bondadosa Señora.

Como consagrado a Ella, no te apoyarás ya en tus propias disposiciones, intenciones, méritos, virtudes y buenas obras. En efecto, lo has sacrificado todo a Jesucristo, por medio de esta Madre bondadosa. Por ello, ya no te queda otro tesoro -y éste ya es tuyo- en donde estén todos tus bienes que María.

Esto te llevará a acercarte a Nuestro Señor sin temor servil ni escrúpulos y rogarle con toda confianza, y te hará

---

[104]   VD 179.

participar en los sentimientos del piadoso y sabio abad Ruperto, quien, aludiendo a la victoria de Jacob sobre un ángel (ver Gén 32,23-33), dirige a la Santísima Virgen estas hermosas palabras: "¡Oh María, princesa mía y Madre inmaculada del Hombre-Dios, Jesucristo!, deseo luchar con este Hombre que es el Verbo de Dios, armado no con mis méritos, sino con los tuyos".

¡Oh! ¡Qué poderosos y fuertes somos ante Jesucristo cuando estamos armados con los méritos e intercesión de la digna Madre de Dios, quien -según palabras de San Agustín- venció amorosamente al Todopoderoso!

2. *María purifica nuestras buenas obras, las embellece y hace aceptables a su Hijo divino*

146 Por esta devoción entregamos a Nuestro Señor, por manos de su Madre santísima, todas nuestras buenas obras. Esta bondadosa señora las purifica, embellece, presenta a Jesucristo y hace que su Hijo las acepte.

1. Las purifica de toda mancha de egoísmo y del apego aun imperceptible que se desliza insensiblemente en las mejores acciones. Tan pronto como llegan a sus manos purísimas y fecundas, esas manos -jamás estériles ni ociosas y que purifican todo cuanto tocan- limpian en lo que le ofrecemos todo lo que tenga de impuro o imperfecto.

147 2. Las embellece, adornándolas con sus méritos y virtudes. Pensemos en un labrador cuya única riqueza fuera una manzana y que deseara granjearse la simpatía y benevolencia del rey. ¿Qué haría? - Acudir a la reina y presentarle la manzana para que ella la ofrezca al soberano. La reina acepta el modesto regalo, coloca la manzana en una grande y hermosa bandeja de oro y la presenta al rey en nombre del labrador. En esta forma, la manzana, de suyo indigna de ser presentada al soberano, se convierte en un obsequio digno de su Majestad gracias a la bandeja de oro y a la persona que la entrega[105].

148 *3.* María presenta esas buenas obras a Jesucristo, no reserva para sí nada de lo que se le ofrece; todo lo presenta fielmente a Jesucristo. Si la alabas y glorificas, inmediatamente Ella alaba y glorifica a Jesús. Si la ensalzas y bendices, Ella –como cuando Santa Isabel la alabó– entona su cántico: *Proclama mi alma la grandeza del Señor* (Lc 1,46)[106].

149 *4.* Por insignificante y pobre que sea para Jesucristo, Rey de reyes y Santo de los santos, el don que le presentas, María hace que El acepte tus buenas obras. Pero quien por su cuenta y apoyado en su propia destreza y habilidad lleva algo a Jesucristo, debe recordar que El examina el obsequio, y muchas veces lo rechaza por hallarlo manchado de egoísmo, lo mismo que en otro tiempo rechazó los sacrificios de los judíos por estar llenos de voluntad propia (ver Heb 10,5-7).

Pero si, al presentar algo a Jesús, lo ofreces por las manos puras y virginales de su Madre amadísima, lo coges por el lado flaco –si me permites la expresión–. Él no mirará tanto el don que le ofreces cuanto a su bondadosa Madre que se lo presenta, ni considerará tanto la procedencia del don cuanto a aquella que se lo ofrece.

Del mismo modo, María –jamás rechazada y siempre recibida por su Hijo– hace que su Majestad acepte con agrado cuanto le ofrezcas, grande o pequeño; basta que María lo presente para que Jesús lo acepte y se complazca en el obsequio. El gran consejo que San Bernardo daba a aquellos que dirigía a la perfección era éste: "Si quieres ofrecer algo a Dios, procura presentarlo por las manos

---

[105]   Ver SM 37.
[106]   Ver VD 225.

87

agradabilísimas y dignísimas de María, si no quieres ser rechazado"[107].

150 ¿No es esto, lo que la misma naturaleza inspira a los pequeños respecto a los grandes, como hemos visto?[108] ¿Por qué no habría de enseñarnos la gracia a observar la misma conducta para con Dios, infinitamente superior a nosotros y ante quien somos menos que átomos? Tanto más teniendo como tenemos una abogada tan poderosa, que jamás ha sido desairada; tan inteligente, que conoce todos los secretos para conquistar el corazón de Dios; tan buena y caritativa, que no rechaza a nadie por pequeño o malvado que sea.

Más adelante expondré la historia de Jacob y Rebeca, la figura verdadera de lo que voy diciendo[109].

4. ESTA DEVOCIÓN ES UN MEDIO EXCELENTE PARA PROCURAR LA MAYOR GLORIA DE DIOS

151 *Cuarto motivo.* Esta devoción, fielmente practicada, es un medio excelente para enderezar el valor de nuestras buenas obras para la mayor gloria de Dios. Casi nadie obra con esta noble finalidad -a pesar de que a ello estemos obligados-, sea porque no sabemos dónde está la mayor gloria de Dios, sea porque no la buscamos.

Ahora bien, dado que la Santísima Virgen, a quien cedemos el valor y mérito de nuestras buenas obras, conoce perfectamente donde está la mayor gloria de Dios y todo su actuar es procurarla, el perfecto servidor de esta amable Señora, que se ha consagrado totalmente a Ella como hemos dicho, puede afirmar resueltamente que el valor de todas sus acciones, pensamientos y palabras se ordena a la mayor gloria de Dios, a no ser que haya revocado expresamente su ofrenda.

---

[107]   Ver SM 37; VD 142.
[108]   Ver VD 147.
[109]   Ver VD 183.212.

¿Será posible hallar algo más consolador para una persona que ama a Dios con amor puro y desinteresado y aprecia la gloria e intereses de Dios más que los suyos propios?

5. ESTA DEVOCIÓN CONDUCE A LA UNIÓN CON JESUCRISTO

152 *Quinto motivo.* Esta devoción es camino *fácil, corto, perfecto y seguro* para llegar a la unión con Nuestro Señor, en la cual consiste la perfección cristiana.

1. Es camino fácil

Es camino *fácil.* Es el camino abierto por Jesucristo al venir a nosotros, y en que no hay obstáculos para llegar a Él. Ciertamente que se puede llegar a Jesucristo por otros caminos. Pero en ellos se encuentran cruces más numerosas, muertes extrañas y muchas más dificultades apenas superables; será necesario pasar por noches oscuras, extraños combates y agonías, escarpadas montañas, punzantes espinas y espantosos desiertos. Pero por el camino de María se avanza más suave y tranquilamente.

Claro que también aquí encontramos rudos combates y grandes dificultades a superar. Pero esta bondadosa Madre y Señora se hace tan cercana y presente a sus fieles servidores para iluminarlos en sus tinieblas, esclarecerlos en sus dudas, fortalecerlos en sus temores, sostenerlos en sus combates y dificultades que -en verdad- este camino virginal para encontrar a Jesucristo resulta de rosas y mieles comparado con los demás.

Ha habido santos, pero en corto número -como San Efrén, San Juan Damasceno, San Bernardo, San Bernardino, San Buenaventura, San Francisco de Sales, etc.-, que han transitado por este camino suave para ir a Jesucristo, porque el Espíritu Santo, Esposo fiel de María, se lo ha enseñado por gracia especialísima. Pero los otros santos, que son la mayoría, aunque hayan tenido todos devoción a la Santísima Virgen, no han entrado, o sólo muy poco, en este camino. Es por ello que tuvieron que pasar por las pruebas más rudas y peligrosas.

153 ¿De dónde procederá entonces, me preguntará algún fiel servidor de María, que los fieles servidores de esta bondadosa Madre encuentran tantas ocasiones de padecer, y aún más que aquellos que no le son tan devotos?[110] . Los contradicen, persiguen, calumnian y nadie los puede tolerar... O caminan entre tinieblas interiores, o por desiertos donde no se da la menor gota de rocío del cielo. Si esta devoción a la Santísima Virgen facilita el camino para llegar a Jesucristo, ¿por qué son sus devotos los más crucificados?

154 Le respondo que ciertamente, siendo los más fieles servidores de la Santísima Virgen sus preferidos, reciben de Ella los más grandes favores y gracias del cielo, que son las cruces. Pero sostengo que los servidores de María llevan estas cruces con mayor facilidad, mérito y gloria, y que lo que mil veces detendría a otros o los haría caer, a ellos no los detiene nunca, sino que los hace avanzar, porque esta bondadosa Madre, plenamente llena de gracia y unción del Espíritu Santo, endulza todas las cruces que les prepara con el azúcar de su dulzura maternal y con la unción del amor puro, de modo que ellos las comen alegremente como nueces confitadas, aunque de por sí sean muy amargas.

Y creo que una persona que quiere ser devota y vivir piadosamente en Jesucristo (2Tim 3,12), y por consiguiente, padecer persecución y cargar todos los días su cruz, no llevará jamás grandes cruces, o no las llevará con alegría y hasta el fin, si no profesa una tierna devoción a la Santísima Virgen, que es la dulzura de las cruces; como tampoco podría una persona, sin gran violencia –que no es durable–, comer nueces verdes no confitadas con azúcar.

---

[110]   Ver SM 22.

2. Es camino corto

155 Esta devoción a la Santísima Virgen es camino *corto* para encontrar a Jesucristo. Sea porque en él nadie se extravía, sea porque –como acabo de decir– se avanza por él con mayor gusto y facilidad y, por consiguiente, con mayor rapidez.

Se adelanta más en poco tiempo de sumisión y obediencia a María que en años enteros de hacer nuestra propia voluntad y apoyarnos en nosotros mismos. Porque el hombre obediente y sumiso a María cantará victorias señaladas sobre todos sus enemigos (Prov 21,28). Estos, ciertamente, querrán impedirle que avance, hacerle retroceder o caer, pero –con el apoyo, auxilio y dirección de María, sin caer, retroceder ni detenerse– avanzará a pasos agigantados hacia Jesucristo por el mismo camino por el cual está escrito que Jesús vino a nosotros a pasos de gigante y en corto tiempo (ver Sal 18 [17],6).

156 ¿Cuál crees sea el motivo de que Jesucristo haya vivido tan poco tiempo sobre la tierra y que haya pasado todos esos años en sumisión y obediencia a su Madre? Es éste: que, no obstante la brevedad de su carrera mortal (ver Sab 4,13), vivió largos años, incluso mucho más que Adán- cuyas pérdidas vino a reparar-, aunque éste haya vivido más de novecientos años. Largo tiempo vivió Jesucristo, porque vivió en sumisión y unión a su santísima Madre por obediencia al Padre. Porque:

1º *El que respeta a su madre* -dice el Espíritu Santo- *acumula tesoros* (BenS 3,5)[111] , es decir, el que honra a María, su Madre, hasta someterse a Ella y obedecerla en todo, pronto se hará muy rico, pues cada día acumula tesoros por el secreto de esta piedra filosofal.

---

[111]   ASE 86-87.

2º Según una interpretación espiritual de las siguientes palabras del Espíritu Santo: *Mi vejez se encuentra en la misericordia del seno* (Sal 92 [91],11, Vulgata), en el seno de María –que rodeó y engendró a un varón perfecto (ver Jer 31,22) y pudo contener a Aquel a quien no puede abrazar ni contener el universo[112], los jóvenes se convierten en ancianos por la experiencia, luz, santidad y sabiduría, y llegan en pocos años a la plenitud de la edad en Jesucristo (ver Ef 4,13)[113] .

3. Es camino perfecto

157 Esta devoción a la Santísima Virgen es camino *perfecto* para ir a Jesucristo y unirse a Él. Porque María es la más perfecta y santa de las puras creaturas, y Jesucristo, que ha venido a nosotros de la manera más perfecta, no tomó otro camino para viaje tan grande y admirable que María. El Altísimo, el Incomprensible, el Inaccesible y *EL QUE ES* ha querido venir a nosotros, gusanillos y que no somos nada. ¿Cómo sucedió esto?

El *Altísimo* descendió de manera perfecta y divina hasta nosotros por medio de la humilde María, sin perder nada de su divinidad y santidad. Del mismo modo, deben subir los pequeñuelos hasta el Altísimo perfecta y divinamente y sin temor alguno a través de María.

El *Incomprensible* se dejó abarcar y encerrar perfectamente por la humilde María, sin perder nada de su inmensidad. Del mismo modo, debemos dejarnos contener y conducir perfectamente y sin reservas por la humilde María.

El *Inaccesible* se acercó y unió estrecha, perfecta y aun personalmente a nuestra humanidad por María, sin perder

---

112 Expresión de la liturgia.
113 Ver VD 33.

nada de su Majestad. Del mismo modo, por María debemos acercarnos a Dios y unirnos a su Majestad perfecta e íntimamente, sin temor de ser rechazados.

Finalmente, *EL QUE ES* quiso venir a lo que no es y hacer que lo que no es llegue a ser Dios o El que es. Esto lo realizó perfectamente entregándose y sometiéndose incondicionalmente a la joven María, sin dejar de ser en el tiempo El que es en la eternidad. Del mismo modo, nosotros, aunque no seamos nada, podemos por María llegar a ser semejantes a Dios por la gracia y la gloria, entregándonos perfecta y totalmente a Ella, de suerte que, no siendo nada por nosotros mismos, lo seamos todo en Ella, sin temor de engañarnos.

158 Abridme un camino nuevo par ir a Jesucristo, embaldosado con todos los méritos de los bienaventurados, adornado con todas sus virtudes heroicas, iluminado y embellecido con todos los esplendores y bellezas de los ángeles, y en el que se presenten todos los ángeles y santos para guiar, defender y sostener a quienes quieran andar por él; afirmo abiertamente con toda verdad que, antes que tomar camino tan perfecto, prefiero seguir el camino inmaculado de María (ver Sal 18 [17],33, Vulgata), vía o camino sin mancha ni fealdad, sin pecado original ni actual, sin sombras ni tinieblas. Y si mi amable Jesús viene otra vez al mundo para reinar gloriosamente en él -como sucederá ciertamente-, no escogerá para su viaje otro camino que el de la excelsa María, por quien vino la primera vez con tanta seguridad y perfección. La diferencia entre una y otra venida es que la primera fue secreta y escondida, mientras que la segunda será gloriosa y fulgurante. Pero ambas son perfectas, porque ambas se realizan por María. ¡Ay! ¡Este es un misterio que aún no se comprende! *¡Enmudezca aquí toda lengua!*[114].

---

[114] Ver VD 12.

4. Es camino seguro

159 Esta devoción a la Santísima Virgen es camino *seguro* para ir a Jesucristo y alcanzar la perfección uniéndonos a Él.

1ª Porque esta práctica que estoy enseñando no es nueva. Es tan antigua que no se pueden señalar con precisión sus comienzos —como dice en un libro que escribió sobre esta devoción el Sr. Boudón[115], muerto hace poco en olor de santidad—. Es cierto, sin embargo, que se hallan vestigios de ella en la Iglesia hace más de setecientos años.

San Odilón, abad de Cluny —que vivió hacia 1040—, fue uno de los primeros en practicarla públicamente en Francia, como se consigna en su biografía[116].

El cardenal San Pedro Damiano relata que en el año 1076[117] su hermano, el Beato Marín, se hizo esclavo de la Santísima Virgen en presencia de su director espiritual y en forma muy edificante: echóse una cuerda al cuello, tomó la disciplina y colocó en el altar una suma de dinero como señal de vasallaje y consagración a la Santísima Virgen. Actitud en la cual perseveró tan fielmente toda su vida, que a la hora de su muerte mereció ser visitado y consolado por su bondadosa Señora y escuchar de sus labios la promesa del paraíso en recompensa de sus servicios.

César Bolando hace mención de un ilustre caballero, Walter de Birbac, pariente próximo de los duques de Lovaina, quien hacia 1300 hizo la consagración de sí mismo a la Santísima Virgen.

Muchas otras personas practicaron en privado esta devoción hasta el siglo XVII, en que se hizo pública.

---

[115] Enrique María Boudón (1634-1702).
[116] San Odilón (962-1048).
[117] Pedro Damiano (1007-1072).

160 El P. Simón Rojas, de la Orden de la Trinidad Redención de los Cautivos, predicador en la corte de Felipe III, puso en boga esta devoción por España y Alemania, y obtuvo de Gregorio XV, a instancia del mismo rey, grandes indulgencias para quienes la practicasen[118].

El P. Bartolomé de los Ríos[119], agustino, se dedicó con el Beato Simón Rojas, íntimo amigo suyo, a extender de palabra y por escrito esta devoción en España y Alemania. Escribió un grueso volumen titulado *De hierarchia mariana*, en el que trata con tanta piedad como erudición de la antigüedad, excelencia y solidez de esta devoción.

Los PP. Teatinos propagaron esta devoción en Italia, Sicilia y Saboya durante el último siglo.

161 El Padre Estanislao Fenicio, de la Compañía de Jesús[120], la dio a conocer maravillosamente en Polonia.

El P. de los Ríos, en su libro antes citado, consigna los nombres de los príncipes, princesas, obispos y cardenales de diferentes naciones que abrazaron esta devoción.

El R. P. Cornelio a Lápide[121], tan recomendable por su piedad como por su ciencia profunda, recibió de muchos obispos y teólogos el encargo de examinar esta devoción. Después de estudiarla detenidamente, hizo de ella grandes alabanzas, dignas de su piedad. Muchos otros grandes personajes siguieron su ejemplo.

Los RR. PP. Jesuitas, siempre celosos en el servicio de la Santísima Virgen, presentaron, en nombre de los congregantes de Colonia, un opúsculo sobre la santa esclavitud al duque Fernando de Baviera –arzobispo entonces de Colonia–. Este lo aprobó y permitió imprimirlo,

---

[118] SIMÓN ROJAS (1552-1652).
[119] BARTOLOMÉ DE LOS RÍOS (1580-1652).
[120] FRANCISCO ESTANISLAO FENICIO, S.J. (1592-1652).
[121] CORNELIUS VAN DEN STEEN (1567-1637).

y exhortó a todos los párrocos y religiosos de su diócesis a difundir, en la medida de lo posible, esta sólida devoción.

162 El cardenal de Bérulle[122], cuya memoria bendice toda Francia, fue uno de los más celosos en propagar por Francia esta devoción, a pesar de todas las calumnias y persecuciones que le hicieron los críticos y libertinos. Estos lo acusaron de novedad y superstición, y publicaron contra él un folleto difamatorio, sirviéndose –o más bien el demonio se sirvió por medio de ellos– de mil argucias para impedirle divulgar por Francia esta devoción. Pero este santo varón respondió a las calumnias con su paciencia, y a las objeciones del libelo con un breve escrito, en que las refutó victoriosamente, demostrando que esta práctica se funda en el ejemplo de Jesucristo, las obligaciones que tenemos para con Él y las promesas del Santo Bautismo. Particularmente con esta última razón cerró la boca a sus adversarios, haciéndoles ver que esta consagración a la Santísima Virgen, y por medio de Ella a Jesucristo, no es otra cosa que una perfecta renovación de los votos y promesas del Bautismo. Añade muchas y muy hermosas cosas sobre esta devoción, que pueden leerse en sus obras.

163 En el citado libro del Sr. Boudón se pueden ver los nombres de los diferentes papas que han aprobado esta devoción, de los teólogos que la han examinado, las persecuciones suscitadas contra ella, y sobre las cuales ha triunfado, y los millares de personas que la han abrazado, sin que jamás ningún papa la haya condenado[123]. Y es que no se la podría condenar sin trastornar los fundamentos del cristianismo.

Consta, pues, que esta devoción no es nueva. Y, si no es corriente, se debe a que es demasiado preciosa para ser saboreada por toda clase de personas.

---

122 PEDRO DE BERULLE (1575-1637).
123 La inquisición romana sólo condenó en aquellos tiempos los abusos y exageraciones de devotos sin discreción.

164 2º Esta devoción es un medio *seguro* para ir a Jesucristo. Efectivamente, el oficio de la Santísima Virgen es conducirnos con toda seguridad a Jesucristo, así como el de éste es llevarnos al Padre eterno con toda seguridad. No se engañen, pues, las personas espirituales creyendo falsamente que María les impida llegar a la unión con Dios. Porque ¿será posible que la que halló gracia delante de Dios para todo el mundo en general y para cada uno en particular estorbe a las almas alcanzar la inestimable gracia de la unión con Él? ¿Será posible que la que fue total y sobreabundantemente llena de gracia y tan unida y transformada en Dios que lo obligó a encarnarse en Ella[124] impida al alma vivir unida a Dios? Ciertamente que la vista de las otras creaturas, aunque santas, podrá, en ocasiones, retardar la unión divina, pero no María, como he dicho[125] y no me cansaré de repetirlo.

Una de las razones que explican por qué son tan pocas las almas que llegan a la madurez en Jesucristo[126] es el que María –que ahora como siempre es la Madre de Cristo y la Esposa fecunda del Espíritu Santo– no está bastante formada en los corazones. Quien desee tener el fruto maduro y bien formado, debe tener el árbol que lo produce. Quien desee tener el fruto de vida -Jesucristo-, debe tener el árbol de vida que es María[127]. Quien desee tener en sí la operación del Espíritu Santo, debe tener a su Esposa fiel e inseparable, la excelsa María, como hemos dicho antes[128].

165 Persuádete, pues, de que cuanto más busques a María en tus oraciones, contemplaciones, acciones y padecimientos –si no de manera clara y explícita, al menos con mirada

---

[124]   Se trata de la preparación y disposiciones con que María fue preparada por Dios y se preparó Ella misma a la obra de la Encarnación (ver ASE 107: María atrae y cautiva al Omnipotente; ver VD 157).
[125]   Ver VD 75; SM 21.
[126]   Ver VD 33.
[127]   Ver SM 70.
[128]   Ver VD 20-21.34-36.

general e implícita–, más perfectamente hallarás a Jesucristo, que está siempre con María, grande y poderoso, dinámico e incomprensible, como no está en el cielo ni en ninguna otra creatura del universo.

Así, la excelsa María, toda transformada en Dios, lejos de obstaculizar a los perfectos la llegada a la unión con Dios, es la creatura que nos ayuda más eficazmente en obra tan importante. Y esto en forma tal que no ha habido ni habrá jamás persona igual a Ella, ya por las gracias que para ello nos alcanzará –pues, como dice un santo, "nadie se llena del pensamiento de Dios sino por Ella"[129]–, ya por las ilusiones y engaños del maligno espíritu, de los que Ella nos librará.

166 Donde está María no puede estar el espíritu maligno. Precisamente una de las señales más infalibles de que somos gobernados por el buen espíritu es el ser muy devotos de la Santísima Virgen, pensar y hablar frecuentemente de Ella. Así piensa San Germán, quien añade que así como la respiración es señal clara de que el cuerpo no está muerto, del mismo modo el pensar con frecuencia en María e invocarla amorosamente es señal cierta de que el alma no está muerta por el pecado.

167 Siendo así que –según dicen la Iglesia y el Espíritu Santo, que la dirige– María sola ha dado muerte a las herejías, –por más que los críticos murmuren–, jamás un fiel devoto de María caerá en herejía o ilusión, al menos formales. Podrá, tal vez –aunque más difícilmente que los otros–, errar materialmente, tomar la mentira por la verdad y el mal espíritu por bueno...; pero, tarde o temprano, conocerá su falta y error material, y cuando lo conozca, no se obstinará en creer y defender lo que había tenido por verdadero.

---

[129] Ver LG 65.35; SAN GERMÁN DE CONSTANTINOPLA.

168 Cualquiera, pues, que desee avanzar, sin temor a ilusiones –cosa ordinaria entre personas de oración–, por los caminos de la santidad y hallar con seguridad y perfección a Jesucristo, debe abrazar de todo corazón, *con corazón generoso y de buena gana* (2Mac 1,3), esta devoción a la Santísima Virgen, que tal vez no haya conocido todavía y que yo le enseño ahora: *Me queda por enseñaros un camino excepcional* (1Cor 12,3). Es el camino abierto por Jesucristo, la Sabiduría encarnada, nuestra Cabeza. El miembro de esta Cabeza que avanza por dicho camino no puede extraviarse. Es camino *fácil*, a causa de la plenitud de la gracia y unción del Espíritu Santo que lo llena; nadie se cansa ni retrocede si camina por él. Es camino *corto*, que en breve nos lleva a Jesucristo. Es camino *perfecto*, sin lodo, ni polvo, ni fealdad de pecado. Es, finalmente, camino *seguro*, que de manera directa y segura, sin desviarnos ni a la derecha ni a la izquierda, nos conduce a Jesucristo y a la vida eterna.

Entremos, pues, por este camino y avancemos en él, día y noche, hasta la perfecta madurez en Jesucristo.

6. ESTA DEVOCIÓN NOS LLEVA A LA PLENA LIBERTAD DE LOS HIJOS DE DIOS

169 *Sexto motivo*. Esta devoción da a quienes la practican fielmente una gran libertad interior: *la libertad de los hijos de Dios* (ver Gál 5,1-13; 2Cor 3,17). Porque haciéndose esclavos de Jesucristo y consagrándose a Él por esta devoción, este buen Señor nuestro, en recompensa de la amorosa esclavitud por la que hemos optado: 1. quita del alma todo escrúpulo y temor servil que pudiera estrecharla, esclavizarla y perturbarla; 2. ensancha el corazón con una santa confianza en Dios, haciendo que le mire como a su Padre; 3. le inspira un amor tierno y filial.

170 No me detengo a probar con razones esta verdad. Me contento con referir un hecho histórico que leí en la vida de la Madre Inés de Jesús, religiosa dominica del convento de Langeac (Alvernia), donde murió en olor de santidad en 1634[130]. Contaba apenas siete años, y ya padecía grandes congojas espirituales. Oyó entonces una voz que le dijo: "Si quieres verte libre de todas tus angustias y ser protegida contra todos tus enemigos, hazte cuanto antes esclava de Jesús y de su santísima Madre". Al regresar a casa, se apresuró a consagrarse enteramente como esclava de Jesús y María, aunque por entonces no sabía lo que era esta devoción. Habiendo encontrado después una cadena de hierro, se la puso a la cintura y la llevo hasta la muerte. Hecho esto, cesaron todas sus congojas y escrúpulos y halló tanta paz y amplitud de corazón, que se comprometió a enseñar esta devoción a muchos otros, que, a su vez, hicieron con ella grandes progresos –recordemos, entre otros, al Sr. Olier, fundador del seminario de San Sulpicio, y a muchos sacerdotes y eclesiásticos del mismo seminario... Un día se le apareció la Santísima Virgen y le puso al cuello una cadena de oro, en prueba del gozo que le había causado al hacerse esclava suya y de su Hijo. Y santa Cecilia que acompañaba a la Santísima Virgen, le dijo: "¡Dichosos los fieles esclavos de la Reina del cielo, porque gozarán de la verdadera libertad! ¡Servirte a ti es libertad!"[131].

7. ESTA DEVOCIÓN PROCURA GRANDES VENTAJAS AL PRÓJIMO

171 *Séptimo motivo.* Puede movernos a abrazar esta práctica el considerar los grandes bienes que reporta al prójimo.

Efectivamente, con ella se ejercita de manera eminente la caridad con el prójimo, porque se le da, por manos de María, lo más precioso y caro que tenemos, que es el valor satisfactorio e impetratorio de todas las buenas obras, sin

---

130   INÉS DE LANGEAC (1602-1634).
131   *Vida de la Madre Inés de Langeac*, 2ª. ed. Le Puy, 1675, p 581 581.

exceptuar el menor pensamiento bueno ni el más leve sufrimiento. Se acepta que todas las satisfacciones adquiridas hasta ahora y las que se adquieran hasta la muerte sean empleadas, según la voluntad de la Santísima Virgen, en la conversión de los pecadores o la liberación de las almas del purgatorio.

¿No es esto amar perfectamente al prójimo? ¿No es esto pertenecer al número de los verdaderos discípulos de Jesucristo, cuyo distintivo es la caridad? ¿No es éste el medio de convertir a los pecadores, sin temor a la vanidad, y liberar a las almas del purgatorio, casi sin hacer otra cosa que lo que cada cual está obligado a hacer conforme a su estado?

172 Para comprender la excelencia de este motivo sería indispensable conocer el valor que tiene la conversión de un pecador o la liberación de un alma del purgatorio; bien infinito, mayor que la creación del cielo y de la tierra, pues se da a un alma la posesión de Dios. De suerte que, aun cuando por esta devoción no se sacase en toda la vida más que a un alma del purgatorio o no se convirtiese más que a un solo pecador, ¿no sería esto motivo suficiente para mover a todo hombre caritativo a optar por ella?

Nótese, además, que nuestras buenas obras, al pasar por las manos de María, reciben un aumento de pureza y por lo mismo, de mérito y valor satisfactorio e impetratorio. Con lo cual se hacen mucho más capaces de aliviar a las almas del purgatorio y convertir a los pecadores que si no pasaran por las manos virginales y generosas de María. Lo poco que ofrecemos por medio de la Santísima Virgen y por caridad pura y desinteresada, llega a ser realmente poderoso para aplacar la cólera de Dios y atraer su misericordia. De suerte que una persona que haya sido enteramente fiel a esta práctica, encontrará a la hora de la muerte que ha liberado a muchas almas del purgatorio y convertido a muchos pecadores por medio de esta devoción, aunque sólo haya realizado las obras ordinarias de su propio estado. ¡Qué gozo en el día del juicio! ¡Qué gloria en la eternidad!

8. ESTA DEVOCIÓN ES UN MEDIO MARAVILLOSO DE PERSEVERANCIA

173 *Octavo motivo.* Finalmente, lo que más poderosamente nos impele a abrazar esta devoción a la Santísima Virgen es el reconocer en ella un medio admirable para perseverar en la virtud y ser fieles a Dios. ¿Por qué, en efecto, la mayor parte de las conversiones no es permanente? ¿Por qué se recae tan fácilmente en el pecado? ¿Por qué la mayor parte de los justos, en vez de adelantar de virtud en virtud y adquirir nuevas gracias, pierde muchas veces las pocas virtudes y gracias que poseía? Esta desgracia proviene- como hemos dicho[132] - de que, no obstante estar el hombre tan corrompido y ser tan débil e inconstante, confía en sí mismo, se apoya en sus propias fuerzas y se cree capaz de guardar el tesoro de sus gracias, virtudes y méritos.

Ahora bien, por esta devoción confiamos a la Virgen fiel cuanto poseemos, constituyéndola depositaria universal de todos nuestros bienes de naturaleza y gracia. Confiamos en su fidelidad, nos apoyamos en su poder y nos fundamos en su misericordia y caridad, para que Ella conserve y aumente nuestras virtudes y méritos a pesar del demonio, el mundo y la carne, que hacen esfuerzos para arrebatár- noslos. Le decimos como el hijo a su madre y el buen esclavo a su señora: *¡Conserva el depósito!* (1Tim 6,20)[133]. Madre y Señora, reconozco que por tu intercesión he recibido hasta ahora más gracias de Dios de las que yo merecía. La triste experiencia me enseña que llevo este tesoro en un vaso muy frágil y que soy muy débil y miserable para conservarlo en mí mismo: *Soy pequeño y despreciable* (Sal 119 [118]),141). Recibe, por favor, cuanto poseo y consérvamelo con tu fidelidad y tu poder. Si tú me guardas, no perderé nada; si me sostienes, no caeré; si me proteges, estaré seguro ante mis enemigos.

---

[132] Ver VD 87-89.
[133] Ver SM 40

174 San Bernardo dice en términos formales lo mismo para inspirarnos esta práctica: "Si Ella te sostiene, no caes; si Ella te protege, no temes; si Ella te guía, no te fatigas; si Ella te es favorable, llegas hasta el puerto de salvación". San Buenaventura parece decir lo mismo en términos más explícitos. "La Santísima Virgen no solamente se mantiene en la plenitud de los santos; Ella mantiene y conserva a los santos en su plenitud, para que ésta no disminuya; impide que sus virtudes se debiliten, que sus méritos se esfumen, que sus gracias se pierdan, que los demonios les hagan daño, que el Señor los castigue cuando pecan".

175 María es la Virgen fiel, que por su fidelidad a Dios repara las pérdidas que la Eva infiel causó por su infidelidad, y alcanza a quienes confían en Ella la fidelidad para con Dios y la perseverancia. Por esto, un santo[134] la compara a un áncora firme, que los sostiene e impide que naufraguen en el mar tempestuoso de este mundo, en donde tantos perecen por no aferrarse a Ella: "Atamos -dice- las almas a tu esperanza como a un áncora firme."

Los santos que se han salvado estuvieron firmemente adheridos a Ella, y a Ella ataron a otros para que perseveraran en la virtud.

¡Dichosos, pues, una y mil veces, los cristianos que ahora se aferran fiel y enteramente a María como a un áncora firme! Los embates tempestuosos de este mundo no los podrán sumergir ni les harán perder sus tesoros celestiales. ¡Dichosos quienes entran en María como en el arca de Noé! Las aguas del diluvio de los pecados que anegan a tantas personas no les harán daño, porque *los que obran por mí no pecarán* (BenS 24,30, Vulgata) –dice la divina Sabiduría–; es decir, los que están en mí para trabajar en su salvación no pecarán.

---

[134] San Juan Damasceno

¡Dichosos los hijos infieles de la infeliz Eva que se aferran a la Madre y Virgen fiel, la cual permanece siempre fiel y no puede negarse a sí misma: *Si somos infieles, Ella permanece fiel, porque no puede negarse a sí misma* (2Tim 2,13), y responde siempre con amor a quienes la aman: *Yo amo a los que me aman* (Prov 8,17). Y los ama no sólo con amor afectivo, sino también con amor efectivo y eficaz, impidiendo, mediante gracias abundantes, que retrocedan en la virtud o caigan en el camino, y pierdan así la gracia de su Hijo.

176 Esta Madre bondadosa recibe siempre, por pura caridad, cuanto se le confía en depósito. Y, una vez que lo ha recibido como depositaria, se obliga en justicia –en virtud del contrato de depósito– a guardárnoslo, como una persona a quien yo hubiera confiado en depósito mil escudos quedaría obligada a guardármelos, de suerte que, si por negligencia suya, se perdieran, sería responsable de la pérdida en rigor de justicia. Pero ¿qué digo? Esta fiel Señora no dejará jamás que por negligencia suya se pierda lo que se le ha confiado; el cielo y la tierra pasarán antes que Ella sea negligente e infiel con quienes confían en Ella.

177 ¡Pobres hijos de María! ¡Su debilidad es extrema, grande su inconstancia, muy corrompida su naturaleza! Lo confieso, ¡han sido extraídos de la misma masa corrompida que los hijos de Adán y Eva! Pero ¡no se desalienten por ello! ¡Consuélense y alégrense! Oigan el secreto que les descubro; secreto desconocido a casi todos los cristianos aun a los más devotos.

No guarden su oro ni su plata en cofres que ya fueron destrozados por el espíritu maligno que los saqueó. Además, esos cofres son muy pequeños y endebles y están envejecidos para poder contener tan grandes y preciosos tesoros. No echen el agua pura y cristalina de la fuente en vasijas de todo sucias e infectadas por el pecado. Si éste no se halla ya en ellas, queda aún su mal olor, que contaminaría el agua. No echen sus vinos exquisitos en toneles viejos, que han estado llenos de vinos malos, pues, se echarían a perder y correrían el peligro de derramarse[135].

178 ¡Almas predestinadas, sé que me han entendido! Pero quiero hablarles aún con más claridad. No confíen el oro de su caridad, la plata de su pureza, las aguas de las gracias celestiales ni los vinos de sus méritos y virtudes a un saco agujereado, a un cofre viejo y roto, a un vaso infectado y contaminado, como son ustedes mismos. Porque serán robados por los ladrones, esto es, por los demonios, que día y noche asechan y espían el momento oportuno para ello; y porque todo lo más puro que Dios les da lo corromperán con el mal olor de su egoísmo, de la confianza en ustedes mismos y de su propia voluntad.

Guarden más bien, viertan en el seno y corazón de María todos sus tesoros, gracias y virtudes. Ella es *Vaso espiritual, Vaso de honor, Vaso insigne de devoción*. Desde que el mismo Dios se encerró en él personalmente y con todas sus gracias, este vaso se tornó totalmente espiritual, y se convirtió en morada espiritual de las almas más espirituales; se hizo digno de honor y trono de honor de los mayores príncipes de la eternidad; se tornó insigne de devoción y la morada de las almas más insignes en dulzuras, gracias y virtudes; se hizo, finalmente, rico como una casa de oro, fuerte como la torre de David y puro como torre de marfil[136].

179 ¡Oh! ¡Qué feliz es el hombre que lo ha entregado todo a María, que en todo y por todo confía y se pierde en María! ¡Es todo de María, y María es toda de él! Puede decir abiertamente con David: María *ha sido hecha para mí* (ver Sal 118,58, Vulgata). O con el discípulo amado: *La tomé por todos mis bienes* (Jn 19,27). O con Jesucristo: *Todo lo mío es tuyo, y lo tuyo es mío* (Jn 17,10).

---

[135] VD 78-82.
[136] Letanías lauretanas.

180 Si algún crítico, al leer esto, piensa que hablo aquí hiperbólicamente o por devoción exagerada, no me está entendiendo. O porque es hombre carnal, que de ningún modo gusta las cosas del espíritu, o porque es del mundo -de este mundo que no puede recibir al Espíritu Santo (ver Mt 16,23; Jn 14,17)[137], o -porque es orgulloso y crítico, que condena o desprecia todo lo que no entiende. Pero quienes nacieron no de la sangre, ni de la voluntad de la carne ni de la voluntad de varón, sino de Dios (ver Jn 1,13) y de María, me comprenden y gustan y para ellos estoy escribiendo.

181 Digo, sin embargo, a unos y a otros -volviendo al asunto interrumpido- que, siendo la excelsa María la más noble y generosa de todas las puras creaturas, jamás se deja vencer en amor ni generosidad. Ella, como dice un santo devoto, "por un huevo te dará un buey", es decir, por lo poquito que le damos nos dará, en retorno, mucho de lo que ha recibido de Dios. Por consiguiente, si te entregas a Ella sin reserva y pones en Ella tu confianza, sin presunción y trabajando por tu parte para adquirir las virtudes y domar tus pasiones, Ella se dará a ti totalmente.

182 Que los fieles servidores de María digan, pues, abiertamente, con San Juan Damasceno: "Si confío en ti, ¡oh Madre de Dios!, me salvaré; protegido por ti, nada temeré; con tu auxilio combatiré a mis enemigos y los pondré en fuga, porque ser devoto tuyo es un arma de salvación que Dios da a los que quiere salvar".

---

[137]   Ver SM 66; VD 216.266.

CAPÍTULO III

FIGURA BÍBLICA DE LA VIDA CONSAGRADA POR MARÍA: REBECA Y JACOB

183 El Espíritu Santo nos ofrece en el libro del Génesis una figura admirable de todas las verdades que acabo de exponer respecto a la Santísima Virgen y a sus hijos y servidores. La hallamos en la historia de Jacob, que, por la diligencia y cuidados de su madre, Rebeca, recibió la bendición de su padre, Isaac.

Oigámosla tal como la refiere el Espíritu Santo. Luego añadiré mi propia explicación (Gén 27,1-44).

1. HISTORIA BÍBLICA DE REBECA Y JACOB

184 Esaú había vendido a Jacob sus derechos de primogenitura (ver Gén 25,33). Rebeca, madre de ambos hermanos, que amaba tiernamente a Jacob, le aseguró –muchos años después– estos derechos mediante una estratagema santa y toda llena de misterio.

Isaac, sintiéndose muy viejo y deseando bendecir a sus hijos antes de morir, llamó a Esaú, a quien amaba, y le encargó que saliera de caza a conseguir algo de comer para bendecirle luego. Rebeca comunicó al punto a Jacob lo que sucedía y le mandó traer dos cabritos del rebaño. Cuando los trajo y entregó a su madre, ella los preparó al gusto de Isaac –que bien conocía–, vistió a Jacob con los vestidos de Esaú, que ella guardaba, y le cubrió las manos y el cuello con la piel de los cabritos, a fin de que su padre, que estaba ciego, al oír la voz de Jacob, creyese –al menos por el vello de sus manos– que era Esaú. Sorprendido, en efecto, Isaac por el timbre de aquella voz, que parecía ser de Jacob, le mandó acercarse y palpando el pelo de las pieles que le cubrían las manos, dijo que verdaderamente la voz era de Jacob, pero las manos eran las de Esaú. Después que comió y al besar a Jacob, sintió la fragancia de sus vestidos, le bendijo y deseó el rocío del cielo y la fecundidad de la tierra, le hizo señor de todos sus hermanos, y finalizó su bendición con estas palabras: *Maldito quien te maldiga y bendito quien te bendiga* (Gén 27,29).

Apenas había Isaac concluido estas palabras, he aquí que entra Esaú, trayendo para comer de lo que había cazado, a fin de recibir luego la bendición de su padre. El santo patriarca se sorprendió, con increíble asombro, al darse cuenta de lo ocurrido. Pero, lejos de retractar lo que había hecho, lo confirmó. Porque veía claramente el dedo de Dios en este suceso.

Esaú entonces lanzó bramidos -anota la Sagrada Escritura-, acusando a gritos de engañador a su hermano, y preguntó a su padre si no tenía más que una bendición. (En todo esto –como advierten los Santos Padres– fue figura de aquellos que, hallando cómodo juntar a Dios con el mundo, quieren gozar, a la vez, de los consuelos del cielo y los deleites de la tierra). Isaac, conmovido por los lamentos de Esaú, lo bendijo por fin, pero con una bendición de la tierra, sometiéndole a su hermano. Lo que le hizo concebir un odio tan irreconciliable contra Jacob, que no esperaba sino la muerte de su padre para matar al hermano. Y éste no hubiera podido escapar a la muerte si Rebeca, su querida madre, no lo hubiese salvado con su solicitud y con los buenos consejos que le dio y que él siguió.

2. EXPLICACION

1. Esaú, figura de los réprobos

185 Antes de explicar esta bellísima historia es preciso advertir que, según los Santos Padres y los exégetas[138], Jacob es figura de Cristo y de los predestinados, mientras que Esaú lo es de los réprobos. Para pensar que es así, basta examinar las acciones y conducta de uno y otro.

1º Esaú, el primogénito, era fuerte y de constitución robusta, gran cazador, diestro y hábil en manejar el arco y traer caza abundante.

2º Casi nunca estaba en casa, y, confiando sólo en su fuerza y destreza, trabajaba siempre fuera de ella.

3º No se preocupaba mucho por agradar a su madre Rebeca y no hacía nada para ello.

4º Era tan glotón y esclavo de la gula, que vendió su derecho de primogenitura por un plato de lentejas.

5º Como otro Caín (Gén 4,8)[139], estaba lleno de envidia contra su hermano, Jacob, a quien perseguía de muerte.

186 Esta es precisamente la conducta que observan los réprobos:

1) Confían en su fuerza y habilidad para los negocios temporales. Son muy fuertes, hábiles e ingeniosos para las cosas terrestres, pero muy flojos e ignorantes para las del cielo[140].

187 2) Por ello, no permanecen nunca, o casi nunca, en su propia casa, es decir, dentro de sí mismos (Mt 6,6) -que es la morada interior y fundamental que Dios ha dado a cada hombre, para residir allí, a ejemplo suyo, porque Dios vive

---

[138] Por ejemplo, SAN AMBROSIO, SAN BERNARDO, SAN ANTONINO, RICARDO DE SAN VÍCTOR...
[139] Ver VD 54.210.
[140] SAN GREGORIO MAGNO.

siempre en sí mismo-. Los réprobos no aprecian el retiro ni las cosas espirituales ni la devoción interior. Califican de apocadas, mojigatas y hurañas a las personas que cultivan la vida interior, se retiran del mundo y trabajan más dentro que fuera.

188 3) Los réprobos apenas si se interesan por la devoción a la Santísima Virgen, Madre de los predestinados. Es verdad que no la aborrecen formalmente, algunas veces le tributan alabanzas, dicen que la aman y hasta practican algunas devociones en su honor. Pero, por lo demás, no toleran que se la ame tiernamente, porque no tienen para con Ella las ternuras de Jacob. Censuran las prácticas de devoción, a las cuales los buenos hijos y servidores de María permanecen fieles para ganarse el afecto de Ella. No creen que esta devoción les sea necesaria para salvarse. Pretenden que, con tal de no odiar formalmente a la Santísima Virgen ni despreciar abiertamente su devoción, merecen la protección de la Virgen María, cuyos servidores son porque rezan y dicen entre dientes algunas oraciones en su honor, pero carecen de ternura para con Ella y evitan comprometerse en una conversión personal.

189 4) Los réprobos venden su derecho de primogenitura, es decir, los goces del cielo, por un plato de lentejas, es decir, por los placeres de la tierra. Ríen, beben, comen, se divierten, juegan, bailan, etc., sin preocuparse -como Esaú- por hacerse dignos de la bendición del Padre celestial. En pocas palabras: sólo piensan en la tierra, sólo aman las cosas de la tierra, sólo hablan y tratan de las cosas de la tierra y de sus placeres, vendiendo por un momento de placer, por un humo vano de honra y un pedazo de tierra dura, amarilla o blanca[141], la gracia bautismal, su vestido de inocencia, su herencia celestial.

---

[141]   Ver SA 27; "tierra amarilla o blanca" es *oro y plata*.

190 5) Por último, los réprobos odian y persiguen sin tregua a los predestinados, abierta o solapadamente. No pueden soportarlos: los desprecian, los critican, los contradicen, los injurian, los roban, los engañan, los empobrecen, los marginan, los rebajan hasta el polvo, mientras que ellos ensanchan su fortuna, se entregan a los placeres, viven regaladamente, se enriquecen y viven a sus anchas.

2. *Jacob, figura de los predestinados*

191 1º Jacob, el hijo menor, era de constitución débil; era suave y tranquilo. Permanecía generalmente en casa, para granjearse los favores de Rebeca, su madre, a quien amaba tiernamente. Si alguna vez salía de casa, no lo hacía por capricho ni confiado en su habilidad, sino por obedecer a su madre.

192 2º Amaba y honraba a su madre. Por eso permanecía en casa con ella. Nunca se alegraba tanto como cuando la veía. Evitaba cuanto pudiera desagradarle y hacía cuanto creía que le complacería. Todo lo cual aumentaba en Rebeca el amor que ella le profesaba.

193 3º Estaba sometido en todo a su querida madre; la obedecía enteramente en todo, prontamente y sin tardar, amorosamente y sin quejarse. A la menor señal de su voluntad, el humilde Jacob corría a realizarla. Creía cuanto Rebeca le decía, sin discutir; por ejemplo, cuando le mandó que saliera a buscar dos cabritos y se los trajera para aderezar la comida a su padre, Isaac, Jacob no replicó que para preparar una sola comida para una persona bastaba con un cabrito, sino que sin replicar hizo cuanto ella le ordenó.

194 4º Tenía gran confianza en su querida madre, y como no confiaba en su propio valer, se apoyaba solamente en la solicitud y cuidados de su madre. Imploraba su ayuda en todas las necesidades y la consultaba en todas las dudas, por ejemplo, cuando le preguntó, si, en vez de la bendición, recibiría, más bien, la maldición de su padre, creyó en ella, y a ella se confió tan pronto Rebeca le contestó que ella tomaría sobre sí esa maldición.

195 5ª Finalmente, imitaba -según sus capacidades- las virtudes de su madre. Y parece que una de las razones de que permaneciera sedentario en casa era el imitar a su querida y muy virtuosa madre, y el alejarse de las malas compañías, que corrompen las costumbres. En esta forma, se hizo digno de recibir la doble bendición de su querido padre.

3. Comportamiento de los predestinados y de los réprobos

196 Este es el comportamiento habitual de los predestinados:

1º Permanecen asiduamente en casa con su madre, es decir, aman el retiro, gustan de la vida interior, se aplican a la oración, a ejemplo y en compañía de su Madre, la Santísima Virgen, cuya gloria está en el interior[142]. Ciertamente, de vez en cuando aparecen en público, pero por obediencia a la voluntad de Dios y a la de su querida Madre y a fin de cumplir con los deberes de su estado. Y aunque en el exterior realicen aparentemente cosas grandes, estiman mucho más las que adelantan en el interior de sí mismos en compañía de la Santísima Virgen. En efecto, allí van realizando la obra importantísima de su perfección, en comparación de la cual las demás obras no son sino juego de niños.

Por eso, mientras algunas veces sus hermanos y hermanas trabajan fuera con gran empeño, habilidad y éxito, cosechando la alabanza y aprobación del mundo, ellos conocen -por la luz del Espíritu Santo- que se disfruta de mayor gloria, provecho y alegría en vivir escondidos en el

---

142 Ver VD 11.

retiro con Jesucristo, su modelo - en total y perfecta sumisión a su Madre- que en realizar por sí solos maravillas de naturaleza y gracia en el mundo, a semejanza de tantos Esaús y réprobos que hay en él. *En su casa habrá riquezas y abundancia* (Sal 112 [111],3). Sí, en la casa de María se encuentra abundancia de gloria para Dios y de riquezas para los hombres.

Señor Jesús, ¡qué delicia es tu morada! (Sal 84 [83],1-8). El pajarillo encontró casa para albergarse, y la tórtola nido para colocar sus polluelos. ¡Oh! ¡Cuán dichoso el hombre que habita en la casa de María! ¡Tú fuiste el primero en habitar en Ella! En esta morada de predestinados, el cristiano recibe ayuda de ti solo y dispone en su corazón las subidas y escalones de todas las virtudes para elevarse a la perfección en este valle de lágrimas.

197 2º Los predestinados aman con filial afecto y honran efectivamente a la Santísima Virgen como a su cariñosa Madre y Señora. La aman no sólo de palabra, sino de hecho. La honran no sólo exteriormente, sino en el fondo del corazón. Evitan, como Jacob, cuanto pueda desagradarle y practican con fervor todo lo que creen puede granjearles su benevolencia.

Le llevan y entregan no ya dos cabritos, como Jacob a Rebeca, sino lo que representaban los dos cabritos de Jacob, es decir, su cuerpo y su alma, con todo cuanto de ellos depende, para que Ella: 1) los reciba como cosa suya; 2) los mate y haga morir al pecado y a sí mismos, desollándolos y despojándolos de su propia piel y egoísmo, para agradar por este medio a su Hijo Jesús, que no acepta por amigos y discípulos sino a los que están muertos a sí mismos; 3) los aderece al gusto del Padre celestial y a su mayor gloria, que Ella conoce mejor que nadie; 4) con sus cuidados e intercesión disponga este cuerpo y esta alma, bien purificados de toda mancha, bien muertos, desollados y aderezados, como manjar delicado, digno de la boca y bendición del Padre celestial.

¿No es esto, acaso, lo que harán los predestinados, que aceptarán y vivirán la perfecta consagración a Jesucristo por manos de María, que aquí les enseñamos, para que testifiquen a Jesús y a María un amor intrépido y efectivo? Los réprobos protestan muchas veces que aman a Jesús, que aman y honran a María, pero no lo demuestran con la entrega de sí mismos (Prov 3,9), ni llegan a inmolarles el cuerpo y el alma con sus pasiones, como los predestinados.

198 3º Estos viven sumisos y obedientes a la Santísima Virgen como a su cariñosa Madre, a ejemplo de Jesucristo, quien de treinta y tres años que vivió sobre la tierra, empleó treinta en glorificar a Dios, su Padre, mediante una perfecta y total sumisión a su santísima Madre. La obedecen, siguiendo exactamente sus consejos, como el humilde Jacob los de Rebeca cuando le dijo: *Escucha lo que te digo* (Gén 27,8), o como la Santísima Virgen: *Hagan lo que El les diga* (Jn 2,5).

Jacob, por haber obedecido a su madre, recibió –como de milagro– la bendición, aunque, naturalmente, no podía recibirla. Los servidores de las bodas de Caná, por haber seguido el consejo de la Santísima Virgen, fueron honrados con el primer milagro de Jesucristo, que convirtió el agua en vino a petición de su santísima Madre. Asimismo, todos los que hasta el fin de los siglos reciban la bendición del Padre celestial y sean honrados con las maravillas de Dios, sólo recibirán estas gracias como consecuencia de su perfecta obediencia a María. Los Esaús, al contrario, pierden su bendición por falta de sumisión a la Santísima Virgen.

199 4º Los predestinados tienen gran confianza en la bondad y poder de María, su bondadosa Madre. Reclaman sin cesar su socorro. La miran como su estrella polar, para llegar a buen puerto. Le manifiestan sus penas y necesidades con toda la sinceridad del corazón.

Se acogen a los pechos de su misericordia y dulzura para obtener por su intercesión el perdón de sus pecados o saborear, en medio de las penas y sequedades, sus dulzuras maternales. Se arrojan, esconden y pierden de manera maravillosa en su seno amoroso y virginal, para ser allí inflamados en amor puro, ser allí purificados de las menores manchas y encontrar allí plenamente a Jesucristo, que reside en María como en su trono más glorioso.

¡Oh! ¡Qué felicidad! "No creas –dice el abad Guerrico– que es mayor felicidad habitar en el seno de Abrahán que en el de María, dado que el Señor puso en éste su trono".

Los réprobos, por el contrario, ponen toda su confianza en sí mismos. Al igual que el hijo pródigo, se alimentan solamente de lo que comen los cerdos, se nutren solamente de tierra, a semejanza de los sapos, y, a la par que los mundanos, sólo aman las cosas visibles y exteriores. No pueden gustar del seno de María ni experimentar el apoyo y la confianza que sienten los predestinados en la Santísima Virgen, su bondadosa Madre. Quieren hambrear miserablemente por las cosas de fuera –dice San Gregorio[143]–, porque no quieren saborear la dulzura preparada dentro de sí mismos y en el interior de Jesús y de María.

200 5º Finalmente, los predestinados siguen el ejemplo de la Santísima Virgen, su tierna Madre. Es decir, la imitan, y por esto son verdaderamente dichosos y devotos y llevan la señal infalible de su predestinación, como se lo anuncia su cariñosa Madre: *Dichosos los que siguen mis caminos* (Prov 8,32), es decir, quienes con el auxilio de la gracia divina practican mis virtudes y caminan sobre las huellas de mi vida. Sí, dichosos durante su vida terrena, por la abundancia de gracias y dulzuras que les comunico de mi plenitud, y más abundantemente que a aquellos que no me imitan tan de cerca. Dichosos en su muerte, que es dulce y tranquila, y a la que ordinariamente asisto para conducirlos

---

[143]   Ver VD 48.

personalmente a los goces de la eternidad. Dichosos, finalmente, en la eternidad, porque jamás se ha perdido ninguno de mis fieles servidores que haya imitado mis virtudes durante su vida.

Los réprobos, por el contrario, son desgraciados durante su vida, en la muerte y por la eternidad, porque no imitan las virtudes de la Santísima Virgen, y se contentan con ingresar, a veces, en sus cofradías, rezar en su honor algunas oraciones o practicar otra devoción exterior.

¡Oh Virgen Santísima! ¡Bondadosa Madre mía! ¡Cuán felices son -lo repito en el arrebato de mi corazón-, cuán felices son quienes, sin dejarse seducir por una falsa devoción, siguen fielmente tus caminos, observando tus consejos y mandatos! Pero ¡desgraciados y malditos los que, abusando de tu devoción, no guardan los mandamientos de tu Hijo! *Malditos los que se apartan de tus mandatos* (Sal 119 [118],21).

4. *Solicitud de María para con sus fieles servidores*

201 Veamos ahora los amables cuidados que la Santísima Virgen, como la mejor de todas las madres, prodiga a los fieles servidores que se han consagrado a Ella de la manera que acabo de indicar y conforme al ejemplo de Jacob.

1º   María los ama

Yo amo a los que me aman (Prov 8,17). 1) Los ama, porque es su Madre verdadera, y una madre ama siempre a su hijo, fruto de sus entrañas. 2) Los ama, en respuesta al amor efectivo que ellos le profesan como a su cariñosa Madre. 3) Los ama, porque -como predestinados que son- también los ama Dios: *Quise a Jacob más que a Esaú* (Rom 9,13). 4) Los ama, porque se han consagrado totalmente a Ella, y son, por tanto, su posesión y herencia: *Sea Israel tu heredad* (BenS 24,13).

202 Ella los ama con ternura, con mayor ternura que todas las madres juntas. Reúnan, si pueden, todo el amor natural que todas las madres del mundo tienen a sus hijos, en el corazón de una sola madre hacia su hijo único: ciertamente, esta madre amaría mucho a ese hijo. María, sin embargo, ama en verdad más tiernamente a sus hijos de cuanto esta madre amaría al suyo.

Los ama no sólo con afecto, sino con eficacia. Con amor afectivo y efectivo, como el de Rebeca para con Jacob y aún mucho más.

Veamos lo que esta bondadosa Madre -de quien Rebeca no fue más que una figura- hace a fin de obtener para sus hijos la bendición del Padre celestial:

203 1- Espía, como Rebeca, las oportunidades para hacerles el bien, para engrandecerlos y enriquecerlos. Dado que ve claramente en la luz de Dios todos los bienes y males, la fortuna próspera o adversa, las bendiciones y maldiciones divinas, dispone de lejos las cosas para liberar a sus servidores de toda clase de males y colmarlos de toda suerte de bienes; de modo que, si se tiene que realizar ante Dios alguna empresa por la fidelidad de una creatura a un cargo importante, es seguro que María procurará que esta empresa se encomiende a alguno de sus queridos hijos y servidores y le dará la gracia necesaria para llevarla a feliz término. "Ella gestiona nuestros asuntos", dice un santo[144].

204 2- Les da buenos consejos, como Rebeca a Jacob: *Hijo mío, escucha lo que te digo* (Gén 27,8, Vulgata). Sigue mis consejos. Y entre otras cosas, les inspira que le lleven dos cabritos, es decir, su cuerpo y su alma, y se lo consagren, para aderezar con ellos un manjar agradable a Dios. Les aconseja también que cumplan cuanto Jesucristo, su Hijo, enseñó con sus palabras y ejemplos. Y si no les da por sí misma estos consejos, se vale para ello del ministerio de

---

[144]   RAMÓN JORDÁN.

los ángeles, los cuales jamás se sienten tan honrados ni experimentan mayor placer que cuando obedecen alguna de sus órdenes de bajar a la tierra a socorrer a alguno de sus servidores.

205 3- Y ¿qué hace esta tierna Madre cuando le entregas y consagras cuerpo y alma y cuanto de ellos depende sin excepción alguna? Lo que hizo Rebeca en otro tiempo con los cabritos que le llevó Jacob: 1· los mata y hace morir a la vida del viejo Adán; 2· los desuella y despoja de su piel natural, de sus inclinaciones torcidas, del egoísmo y voluntad propia y del apego a las creaturas; 3· los purifica de toda suciedad y mancha de pecado; 4· los adereza al gusto de Dios y a su mayor gloria. Y como sólo Ella conoce perfectamente en cada caso el gusto divino y la mayor gloria del Altísimo, sólo Ella puede, sin equivocarse, condimentar y aderezar nuestro cuerpo y alma a este gusto infinitamente exquisito y a esta gloria divinamente oculta.

206 4- Luego que esta bondadosa Madre recibe la ofrenda perfecta que le hemos hecho de nosotros mismos y de nuestros propios méritos y satisfacciones -por la devoción de que hemos hablado-, nos despoja de nuestros antiguos vestidos, nos engalana y hace dignos de comparecer ante el Padre del cielo:

1· nos reviste con los vestidos limpios, nuevos, preciosos y perfumados de Esaú, el primogénito, es decir, de Jesucristo, su Hijo, los cuales guarda Ella en casa, o sea, tiene en su poder, ya que es la tesorera y dispensadora universal y eterna de las virtudes y méritos de su Hijo Jesucristo. Virtudes y méritos que Ella concede y comunica a quien quiere, cuando quiere, como quiere y cuanto quiere, como ya hemos dicho[145];
2· cubre el cuello y las manos de sus servidores con las pieles de los cabritos muertos y desollados, es decir, los

---

[145] San Bernardino de Siena; ver VD 25.141; SM 10.

engalana con los méritos y el valor de sus propias acciones. Mata y mortifica, en efecto, todo lo imperfecto e impuro que hay en sus personas, pero no pierde ni disipa todo el bien que la gracia ha realizado en ellos, sino que lo guarda y aumenta, para hacer con ellos el ornato y fuerza de su cuello y de sus manos, es decir, para fortalecerlos a fin de que puedan llevar sobre su cuello el yugo del Señor y realizar grandes cosas para la gloria de Dios y la salvación de sus pobres hermanos;

3· comunica perfume y gracia nuevos a sus vestidos y adornos revistiéndolos con sus propias vestiduras, esto es, con sus méritos y virtudes, que al morir les legó en su testamento -como dice una santa religiosa del último siglo muerta en olor de santidad, y que lo supo por revelación-. De modo que *todos los de su casa* -sus servidores y esclavos- *llevan doble vestidura*: la de su Hijo y la de Ella (ver Prov 31,21). Por ello, no tienen que temer el frío de Jesucristo, blanco como la nieve. Mientras que los réprobos, enteramente desnudos y despojados de los méritos de Jesucristo y de su Madre santísima, no podrán soportarlo.

207 5- Ella, finalmente, les obtiene la bendición del Padre celestial, por más que, no siendo ellos sino hijos menores y adoptivos, no deberían, naturalmente, tenerla. Con estos vestidos nuevos, de alto precio y agradabilísimo olor, y con cuerpo y alma bien preparados, se acercan confiados al lecho del Padre celestial. Él oye y distingue su voz, que es la del pecador; toca sus manos, cubiertas de pieles; percibe el perfume de sus vestidos; come con regocijo de lo que María, Madre de ellos, le ha preparado, y reconociendo en ellos los méritos y el buen olor de Jesucristo y de su santísima Madre:

1· les da su doble bendición: bendición del *rocío del cielo* (Gén 27,28), es decir, de la gracia divina, que es semilla de gloria: *Nos ha bendecido en la persona de Cristo con toda clase de bienes espirituales y celestiales* (Ef 1,3); y bendición de *la fertilidad de la tierra* (Gén 27,28), es decir, que este buen Padre les da el pan de cada día y suficiente cantidad de bienes de este mundo;

2· les constituye señores de sus otros hermanos, los réprobos. Lo cual no quiere decir que esta primacía sea siempre evidente en este mundo –que *pasa en un instante* (ver 1Cor 7,29-31) y al que frecuentemente dominan los réprobos: *Todos esos malhechores son insolentes y altaneros; ¡son unos fanfarrones!* (Sal 94 [93],3-4). *Vi a un malvado que se jactaba, que prosperaba como cedro frondoso* (Sal 36 [35],35)–, pero que es real, y aparecerá cuando los justos –como dice el Espíritu Santo– *gobernarán naciones, someterán pueblos* (Sab 3,8);

3· el Señor, no contento con bendecirlos en sus personas y bienes, bendice también a cuantos los bendigan y maldice a cuantos los maldigan y persigan.

2º María los alimenta

208 El segundo deber de caridad que la Santísima Virgen ejerce con sus fieles servidores es el de proporcionarles todo lo necesario para el cuerpo y el alma. Les da vestiduras dobles, como acabamos de decir. Les da a comer los platos más exquisitos de la mesa de Dios. Les alimenta con el Pan de la vida que Ella misma ha formado: *queridos hijos míos* –les dice por boca de la Sabiduría– *sácience de mis frutos*, es decir, de Jesús, fruto de vida, que para ustedes he traído al mundo (BenS 24,26). Vengan –les dice en otra parte– *a comer de mi pan*, que es Jesús, *y a beber el vino* (Prov 9,5) de su amor, *que he mezclado para ustedes con la leche de mis pechos. Coman, beban y embriáguense, amigos míos* (Cant 5,1).

Siendo Ella la tesorera y dispensadora de los dones y gracias del Altísimo, da gran porción y la mejor de todas, para alimentar y sustentar a sus hijos y servidores. Nutridos éstos con el *Pan de vida*, embriagados con *el vino que engendra vírgenes* (ver Zac 9,17), *llevados en brazos* (ver Is 66,12), encuentran tan suave el yugo de Jesucristo, que apenas sienten su peso *a causa del aceite de la devoción en el cual María les sazona* (ver Is 10,27, Vulgata).

3º   María los conduce

209 El tercer bien que la Santísima Virgen hace a sus fieles servidores es el conducirlos y guiarlos según la voluntad de su Hijo. Rebeca guiaba a su hijo Jacob, y de cuando en cuando le daba buenos consejos, ya para atraer sobre él la bendición de su padre, ya para ayudarle a evitar el odio y la persecución de su hermano Esaú. María, estrella del mar, conduce a todos sus fieles servidores al puerto de salvación. Les enseña los caminos de la vida eterna. Les hace evitar los pasos peligrosos. Los lleva de la mano por los senderos de la justicia. Los sostiene cuando están a punto de caer. Los levanta cuando han caído. Los reprende, como Madre cariñosa, cuando yerran, y aun a veces los castiga amorosamente. ¿Podrá extraviarse en el camino de la eternidad un hijo obediente a María, quien por sí misma le alimenta y es su guía esclarecida? "Siguiéndola –dice San Bernardo– no te extravías"[146]. ¡No temas, pues! ¡Ningún verdadero hijo de María será engañado por el espíritu maligno! ¡Ni caerá en herejía formal![147]. Donde María es la conductora, no entran ni el espíritu maligno con sus ilusiones, ni los herejes con sus sofismas: "¡Si Ella te sostiene, no caerás!"[148].

4º   María los defiende y protege

210 El cuarto servicio que la Santísima Virgen ofrece a sus hijos y fieles servidores es defenderlos y protegerlos contra sus enemigos. Rebeca, con sus cuidados y vigilancia, libró a Jacob de todos los peligros en que se encontró, y especialmente de la muerte que su hermano Esaú le hubiera dado a causa del odio y envidia que le tenía –como en otros tiempos Caín a su hermano Abel–. Así obra también María, Madre cariñosa de los predestinados: los esconde bajo las alas de su protección, como una gallina a sus polluelos; dialoga con ellos, desciende hasta ellos, condesciende con

---

[146]   Ver VD 134.
[147]   Ver VD 167.
[148]   Ver VD 174.

todas sus debilidades, para defenderlos del gavilán y del buitre; los rodea y acompaña como *ejército en orden de batalla* (ver Cant 6,3.9, Vulgata)[149]. ¿Temerá, acaso, a sus enemigos quien está defendido por un ejército bien ordenado de cien mil hombres? Pues bien, ¡un fiel servidor de María, rodeado por su protección y poder imperial, tiene aún menos por qué temer! Esta bondadosa Madre y poderosa Princesa celestial enviará legiones de millones de ángeles para socorrer a uno de sus hijos antes que pueda decirse que un fiel servidor de María –que puso en Ella su confianza– haya sucumbido a la malicia, número y fuerza de sus enemigos.

5º   María intercede por ellos

211 Por último, el quinto y mayor servicio que la amable María ejerce en favor de sus fieles devotos es el interceder por ellos ante su Hijo y aplacarle con sus ruegos. Ella los une y conserva unidos a El con vínculo estrechísimo[150].

Rebeca hizo que Jacob se acercara al lecho de su padre. El buen anciano lo tocó, lo abrazó y hasta lo besó con alegría, contento y satisfecho como estaba de los manjares bien preparados que le había llevado. Gozoso de percibir los exquisitos perfumes de sus vestidos, exclamó: *¡Aroma que bendice el Señor es el aroma de mi hijo!* (Gén 27,27). Este campo fértil cuyo aroma encantó el corazón del Padre es el aroma de las virtudes y méritos de María. Ella es, en efecto, campo lleno de gracias donde Dios Padre sembró, como grano de trigo para sus escogidos, a su propio Hijo.

¡Oh! ¡Cuán bien recibido es por Jesucristo, Padre sempiterno (ver Is 9,6), el hijo perfumado con el olor gratísimo de María! ¡Y qué pronto y perfectamente queda unido a Él, como ya hemos demostrado![151].

---

149   Ver VD 50.
150   Ver LG 62.
151   Ver VD 152-168.

212 María además, después de haber colmado de favores a sus hijos y fieles servidores y de haberles alcanzado la bendición del Padre celestial y la unión con Jesucristo, los conserva en Jesucristo, y a Jesucristo en ellos. Los protege y vigila siempre, no sea que pierdan la gracia de Dios y caigan de nuevo en los lazos del enemigo. *Ella conserva a los santos en su plenitud* y les ayuda a perseverar en ella, según hemos visto[152].

Esta es la explicación de la insigne y antigua figura de la predestinación y la reprobación, tan desconocida y tan llena de misterios.

CAPÍTULO IV

EFECTOS MARAVILLOSOS DE LA CONSAGRACIÓN TOTAL EN QUIEN LE ES FIEL

213 Persuádete, hermano carísimo, de que, si eres fiel a las prácticas interiores y exteriores de esta devoción, las cuales voy a indicar más adelante, participarás de los frutos maravillosos que produce en el alma fiel.

1. CONOCIMIENTO DE SÍ MISMO

1. Gracias a la luz que te comunicará el Espíritu Santo por medio de María, su querida Esposa, conocerás tu mal fondo, tu corrupción e incapacidad para todo lo bueno, si Dios no es su principio como autor de la naturaleza o de la

---

[152] Ver VD 152-168.

gracia[153]. Y, a consecuencia de este conocimiento, te despreciarás y no pensarás en ti mismo sino con horror. Te considerarás como un caracol, que todo lo mancha con su baba; como un sapo, que todo lo emponzoña con su veneno, o como una serpiente maligna, que sólo pretende engañar. En fin, la humilde María te hará partícipe de su profunda humildad, y mediante ella te despreciarás a ti mismo, no despreciarás a nadie y gustarás de ser menospreciado[154].

2. PARTICIPACIÓN EN LA FE DE MARÍA

214 2. La Santísima Virgen te hará partícipe de su fe. La cual fue mayor que la de todos los patriarcas, profetas, apóstoles y todos los demás santos. Ahora que reina en los cielos, no tiene ya esa fe, porque ve claramente todas las cosas en Dios por la luz de la gloria. Sin embargo, con el consentimiento del Altísimo, no la ha perdido al entrar en la gloria[155]; la conserva para comunicarla a sus más fieles servidores en la Iglesia peregrina.

Por lo mismo, cuanto más te granjees la benevolencia de esta augusta Princesa y Virgen fiel, tanto más reciamente se cimentará toda tu vida en la fe verdadera: una fe pura, que hará que no te preocupes por lo sensible y extraordinario; una fe viva y animada por la caridad, que te hará obrar siempre por el amor más puro; una fe firme e inconmovible como una roca, que te ayudará a permanecer siempre firme y constante en medio de las tempestades y tormentas; una fe penetrante y eficaz, que –como misteriosa llave maestra– te permitirá entrar en todos los misterios de Jesucristo, las postrimerías del hombre y el corazón del mismo Dios; una fe intrépida, que te llevará a emprender y llevar a cabo, sin titubear, grandes empresas por Dios y

---

153 «Si Dios no es su principio como autor de la naturaleza o de la gracia» se encuentra escrito en la margen derecha de la página en el manuscrito.
154 Ver *Imitación de Cristo*, l. 1, c. 2.
155 Ver VD 34; R Mat 25-26.

por la salvación de las almas; finalmente, una fe que será tu antorcha encendida, tu vida divina, tu tesoro escondido de la divina sabiduría y tu arma omnipotente, de la cual te servirás para iluminar a los que viven en tinieblas y sombras de muerte, para inflamar a los tibios y necesitados del oro encendido de la caridad, para resucitar a los muertos por el pecado, para conmover y convertir –con tus palabras suaves y poderosas– los corazones de mármol y los cedros del Líbano y, finalmente, para resistir al demonio y a todos los enemigos de la salvación[156].

3. MADUREZ CRISTIANA

215 3. Esta Madre del Amor Hermoso quitará de tu corazón todo escrúpulo y temor servil desordenado y lo abrirá y ensanchará para correr por los mandamientos de su Hijo con la santa libertad de los hijos de Dios, y para encender en el alma el amor puro, cuya tesorera es Ella. De modo que en tu comportamiento con el Dios-Caridad ya no te gobernarás –como hasta ahora– por temor, sino por amor puro[157]. Lo mirarás como a tu Padre bondadoso, te afanarás por agradarle siempre y dialogarás con El en forma confidencial como un hijo con su cariñoso padre. Si, por desgracia, llegaras a ofenderlo, te humillarás al punto delante de Él, le pedirás perdón humildemente, tenderás hacia Él la mano con sencillez, te levantarás de nuevo amorosamente, sin turbación ni inquietud, y seguirás caminando hacia Él, sin descorazonarte.

4. GRAN CONFIANZA EN DIOS Y EN MARÍA

216 4. La Santísima Virgen te colmará de gran confianza en Dios y en Ella misma:

---

156 Ver entre muchas otras reminiscencias bíblicas: Gál 5,6; Col 1,23; 2,3; Rom 5,1-2; Heb 11,33; Lc 1,79; 1Pe 6,8-9.
157 Ver VD 107.169; Sal 119,32; Jn4.1.18; Rom 8,21; Gál 4,31; 1Jn 4.1,16.

1º porque ya no te acercarás por ti mismo a Jesucristo, sino siempre por medio de María, tu bondadosa Madre;

2º habiéndole entregado tus méritos, gracias y satisfacciones para que disponga de ellos según su voluntad, Ella te comunicará sus virtudes y te revestirá con sus méritos[158], de suerte que podrás decir a Dios con plena confianza: *¡Esta es María, tu servidora! ¡Hágase en mí según lo que has dicho¡* (Sal 119 [118],94)[159].

3º habiéndote entregado totalmente a Ella -en cuerpo y alma-, Ella, que es generosa, se entregará a ti, en recompensa, de forma maravillosa, pero real, de suerte que podrás decirle con santa osadía: *Soy tuyo, ¡oh María!; sálvame.* O con el discípulo amado - como he dicho antes-: *"¡Te he tomado, María Santísima, por todos mis bienes!"*[160]. O con San Buenaventura: "Querida Señora y salvadora mía, obraré confiadamente y sin temor, porque eres mi fortaleza y alabanza en el Señor. Soy todo tuyo y cuanto tengo es tuyo, Virgen gloriosa y bendita entre todas las creaturas! ¡Que yo te ponga como sello sobre mi corazón[161], porque tu amor es fuerte como la muerte!" (Cant 8,6).

Podrás decir a Dios con los sentimientos del profeta: Señor, mi corazón y mis ojos no tienen ningún motivo para enaltecerse y enorgullecerse, ni para buscar cosas grandes y maravillosas. Y con todo, aún no soy humilde. Pero la confianza me sostiene y anima. Estoy, como un niño, privado de los placeres terrestres y apoyado en el seno de mi madre; allí me colman de bienes (ver Sal 131 [130],1-2);

4º el hecho de haberle entregado en depósito todo lo bueno que tienes para que lo conserve o comunique, aumentará tu confianza en Ella. Sí, entonces confiarás menos en ti mismo y mucho más en Ella, que es tu tesoro. ¡Oh! ¡Qué

---

158 Constate los puntos siguientes: a) entregarnos a María, incluso con los méritos: SM 29-31.38; VD 121-125; b) María nos comunica sus virtudes: SM 38; VD 34.144.208.206; c) María nos reviste de sus méritos: SM 38; VD 144.206.
159 SM 38; ASE 211.222; VD 121.133.144.172.181.
160 Ver VD 179.
161 SAN BUENAVENTURA.

confianza y consuelo poder decir que el tesoro de Dios, en el que El ha puesto lo más precioso que tiene, es también el tuyo!: "Ella es -dice un santo- el tesoro de Dios"[162].

5. COMUNICACIÓN DE MARÍA Y DE SU ESPÍRITU

217 *5. El alma de María estará en ti para glorificar al Señor y su espíritu se alborozará por ti en Dios, su Salvador, con tal que permanezcas fiel a las prácticas de esta devoción.* "Que el alma de María more en cada uno para engrandecer al Señor, que el espíritu de María permanezca en cada uno para regocijarse en Dios"[163].

¡Ah! ¿Cuándo llegará ese tiempo dichoso -dice un santo varón en nuestros días, ferviente enamorado de María-, cuándo llegará ese tiempo dichoso en que la excelsa María sea establecida como Señora y Soberana en los corazones, para someterlos plenamente al imperio de su excelso y único Jesús? ¿Cuándo respirarán las almas a María como los cuerpos respiran el aire? Cosas maravillosas sucederán entonces en la tierra, donde el Espíritu Santo -al encontrar a su querida Esposa como reproducida en las almas- vendrá a ellas con la abundancia de sus dones y las llenará de gracia. ¿Cuándo llegará, hermano mío, ese tiempo dichoso, ese siglo de María, en el que muchas almas escogidas y obtenidas del Altísimo por María, perdiéndose ellas mismas en el abismo de su interior, se transformen en copias vivientes de la Santísima Virgen para amar y glorificar a Jesucristo? Ese tiempo sólo llegará cuando se conozca y viva la devoción que yo enseño: "¡Señor, para que venga tu reino, venga el reino de María!"

---

[162] RAMÓN JORDÁN.
[163] SAN AMBROSIO; ver SM 54; VD 258; LG 65.

6. TRANSFORMACIÓN EN MARÍA A IMAGEN DE JESUCRISTO

218 6. Si María, que es el árbol de la vida, está bien cultivada en ti mismo por la fidelidad a las prácticas de esta devoción, dará su fruto en tiempo oportuno, fruto que no es otro que Jesucristo.

Veo a tantos devotos y devotas que buscan a Jesucristo. Unos van por un camino y una práctica, los otros por otra. Y con frecuencia, después de haber trabajado pesadamente durante la noche, pueden decir: *Nos hemos pasado toda la noche bregando y no hemos cogido nada* (Lc 5,5). Y se les puede contestar: *Siembran mucho, cosechan poco* (Ag 1,6). Jesucristo es todavía muy débil en ustedes. Pero por el camino inmaculado de María y esta práctica divina que les enseño se trabaja de día, se trabaja en un lugar santo y se trabaja poco. En María no hay noche, porque en Ella no hay pecado, ni aun la menor sombra de él. María es un lugar santo. Es el Santo de los santos, en donde son formados y moldeados los santos[164].

219 Escucha bien lo que te digo: los santos son moldeados en María. Existe gran diferencia entre hacer una figura de bulto a golpes de martillo y cincel y sacar una estatua vaciándola en un molde. Los escultores y estatuarios trabajan mucho del primer modo para hacer una estatua y gastan en ello mucho tiempo. Mas para hacerla de la segunda manera trabajan poco y emplean poco tiempo.

San Agustín llama a la Santísima Virgen *molde de Dios*[165] (Ver SM 16): el molde propio para formar y moldear dioses. Quien sea vertido en este molde divino, quedará muy pronto formado y moldeado en Jesucristo, y Jesucristo en él; con pocos gastos y en corto tiempo, se convertirá en Dios,

---

[164] Ver LG 63.

porque ha sido arrojado en el mismo molde que ha formado un Dios.

220 Paréceme que los directores y devotos que quieren formar a Jesucristo en sí mismos o en los demás por prácticas diferentes a ésta pueden muy bien compararse a los escultores, que, confiados en su habilidad, destreza y arte, descargan infinidad de golpes de martillo y cincel sobre una piedra dura o un trozo de madera tosca para sacar de ellos una imagen de Jesucristo. Algunas veces no aciertan a reproducir a Jesucristo a la perfección, ya por falta de conocimiento y experiencia de la persona de Jesucristo, ya a causa de algún golpe mal dado que echa a perder toda la obra.

Pero a quienes abrazan este secreto de la gracia que les estoy presentando, los puedo comparar, con razón, a los fundidores y moldeadores que, habiendo encontrado el hermoso molde de María - en donde Jesucristo ha sido perfecta y divinamente formado-, sin fiarse de su propia habilidad, sino únicamente de la excelencia del molde, se arrojan y pierden en María para convertirse en el retrato perfecto de Jesucristo.

221 ¡Hermosa imagen y verdadera comparación! Pero acuérdate que no se echa en el molde sino lo que está fundido y líquido; es decir, que es necesario destruir y fundir en ti al viejo Adán para transformarte en el nuevo en María.

7. LA MAYOR GLORIA DE JESUCRISTO

222 7. Por medio de esta práctica observada con toda fidelidad, darás mayor gloria a Jesucristo en un mes que por cualquier otra –por difícil que sea– en varios años. Estas son las razones para afirmarlo:

---

[165] Ver SM 16.

1º Si ejecutas todas tus acciones por medio de la Santísima Virgen –como enseña esta práctica–, abandonas tus propias intenciones y actuaciones, aunque buenas y conocidas, para perderte –por decirlo así– en las de la Santísima Virgen, aunque te sean desconocidas. De este modo entras a participar en la sublimidad de sus intenciones, siempre tan puras que por la menor de sus acciones –por ejemplo, hilando en la rueca o dando una puntada con la aguja– glorificó a Dios más que San Lorenzo sobre las parrillas con su cruel martirio, y aún más que todos los santos con las acciones más heroicas. Esta es la razón de que, durante su permanencia en la tierra, la Santísima Virgen haya adquirido un cúmulo tan inefable de gracias y méritos, que antes se contarían las estrellas del firmamento, las gotas de agua de los océanos y los granitos de arena de sus orillas que los méritos y gracias de María, y que ha dado mayor gloria a Dios de cuanta le han dado todos los ángeles y santos. ¡Qué prodigio eres, oh María! ¡Sólo tú sabes realizar prodigios de gracia en quienes desean realmente perderse en ti!

223 2º Quien se consagra a María por esta práctica, como quiera que no estima en nada cuanto piensa o hace por sí mismo ni se apoya ni complace sino en las disposiciones de María para acercarse a Jesucristo y dialogar con El, ejercita la humildad mucho más que quienes obran por sí solos. Estos, aun inconscientemente, se apoyan y complacen en sus propias disposiciones. De donde se sigue que el que se consagra en totalidad a María glorifica de modo más perfecto a Dios, quien nunca es tan altamente glorificado como cuando lo es por los sencillos y humildes de corazón.

224 3º La Santísima Virgen –a causa del gran amor que nos tiene– acepta recibir en sus manos virginales el obsequio de nuestras acciones, comunica a éstas una hermosura y esplendor admirables y las ofrece por sí misma a Jesucristo.

Es, por lo demás, evidente que Nuestro Señor es más glorificado con esto que si las ofreciéramos directamente con nuestras manos pecadoras.

225 4º Por último, siempre que piensas en María, Ella piensa por ti en Dios. Siempre que alabas y honras a María, Ella alaba y honra a Dios[166]. Y yo me atrevo a llamarla "la relación de Dios", pues sólo existe con relación a El; o "el eco de Dios", ya que no dice ni repite sino Dios. Si tú dices María, Ella dice Dios. Cuando Santa Isabel alabó a María y la llamó bienaventurada por haber creído, Ella -el eco fiel de Dios- exclamó: *Proclama mi alma la grandeza del Señor* (Lc 1,46). Lo que en esta ocasión hizo María, lo sigue realizando todos los días; cuando la alabamos, amamos, honramos o nos consagramos a Ella, alabamos, amamos, honramos y nos consagramos a Dios por María y en María.

CAPÍTULO V

PRÁCTICAS PARTICULARES DE ESTA DEVOCIÓN

1. PRÁCTICAS EXTERIORES

226 Aunque lo esencial de esta devoción consiste en lo interior, no por eso carece de prácticas exteriores, que no conviene descuidar: *¡Esto había que practicar y aquello no dejarlo!* (Mt 23,23). Ya porque las prácticas exteriores, debidamente ejercitadas, ayudan a las interiores[167], ya porque recuerdan al hombre –acostumbrado a guiarse por los sentidos– lo que ha hecho o debe hacer, ya porque son a propósito para edificar al prójimo que las ve, cosa que no hacen las prácticas interiores.

---

[166]   "María la humilde esclava del Señor, es toda relativa a Dios y a Cristo" (Pablo VI, 21-11-1964; ver R Mat 35-37).

Por tanto, que ningún mundano ni crítico autosuficiente nos venga a decir que la verdadera devoción está en el corazón, que hay que evitar las exterioridades, ya que pueden ocultar la vanidad; que no hay que hacer alarde de la propia devoción, etc. Yo les respondo con mi Maestro: *Alumbre también la luz de ustedes a los hombres: que vean el bien que hacen y glorifiquen al Padre del cielo* (Mt 5,16). Lo cual no significa –como advierte San Gregorio– que debemos realizar nuestras buenas acciones y devociones exteriores para agradar a los hombres y ganarnos sus alabanzas –esto sería vanidad–, sino que, a veces, las realicemos delante de los hombres con el fin de agradar a Dios y glorificarle, sin preocuparnos por los desprecios o las alabanzas de las creaturas[168].

Voy a proponer, en resumen, algunas prácticas exteriores, llamadas así no porque se hagan sin devoción interior, sino porque tienen algo externo que las distingue de las actitudes puramente interiores.

1. Preparar y hacer la consagración

227 Primera práctica. Quienes deseen abrazar esta devoción particular –no erigida aún en cofradía, aunque sería mucho de desear que lo fuera[169]– dedicarán –como he dicho en la primera parte de esta preparación al reinado de Jesucristo– *doce días*, por lo menos, a vaciarse del espíritu del mundo, contrario al de Jesucristo, y *tres semanas* en llenarse de Jesucristo por medio de la Santísima Virgen. Para ello podrán seguir este orden:

---

[167] Ver SAN FRANCISCO DE SALES, *Tratados Espirituales*.

[168] SAN GREGORIO MAGNO, *Homilías*.

[169] A fines del siglo pasado (1899), MONS. DEHAMEL instituía en Ottawa (Canadá), la primera "Cofradía de María, Reina de los Corazones". San Pío X (1913) daba el título de "Archicofradía" a la filial de Roma. En 1955, la Santa Sede aprobó también la rama de los "Sacerdotes de María", que en Francia llegó a contar incluso con una floreciente Revista.

228 Durante la *primera semana* dedicarán todas sus oraciones y actos de piedad a pedir el conocimiento de sí mismos y la contrición de sus pecados, haciéndolo todo por espíritu de humildad. Podrán meditar, si quieren, lo dicho antes sobre nuestras malas inclinaciones[170], y no considerarse durante los seis días de esta semana más que como caracoles, babosas, sapos, cerdos, serpientes, cabros; o meditar estos tres pensamientos de San Bernardo: "Piensa en lo que fuiste: un poco de barro; en lo que eres: un poco de estiércol; en lo que serás: pasto de gusano". Rogarán a Nuestro Señor y al Espíritu Santo que los ilumine, diciendo: *¡Señor, que vea!* (Lc 18,41); o: "¡Que yo te conozca!"[171]; o también: ¡Ven, Espíritu Santo! Y dirán todos los días las letanías del Espíritu Santo y la oración señalada en la primera parte de esta obra. Recurrirán a la Santísima Virgen pidiéndole esta gracia, que debe ser el fundamento de las otras, y para ello dirán todos los días el himno *Salve, Estrella del mar* y las letanías de la Santísima Virgen.

229 Durante la *segunda semana* se dedicarán en todas sus oraciones y obras del día a conocer a la Santísima Virgen, pidiendo este conocimiento al Espíritu Santo. Podrán leer y meditar lo que al respecto hemos dicho[172]. Y rezarán con esta intención, como en la primera semana, las letanías del Espíritu Santo y el himno *Salve, Estrella del mar* y, además, el rosario o la tercera parte de él.

230 Dedicarán la *tercera semana* a conocer a Jesucristo. Para ello podrán leer y meditar lo que arriba hemos dicho y rezar la oración de San Agustín que se lee hacia el comienzo de la segunda parte[173]. Podrán repetir una y mil veces cada día con el mismo santo: "¡Que yo te conozca, Señor!", o bien: "¡Señor, sepa yo quién eres tú!" Rezarán, como en las semanas anteriores, las letanías del Espíritu Santo y el

---

[170]   Ver VD 78-79.
[171]   San Agustín.
[172]   Ver VD 16-36; 83-89.
[173]   Ver VD 61-77.

himno *Salve, Estrella del mar*, y añadirán todos los días las letanías del santo Nombre de Jesús.

231 Al concluir las tres semanas se confesarán y comulgarán con la intención de entregarse a Jesucristo, en calidad de esclavos de amor, por las manos de María. Y después de la comunión –que procurarán hacer según el método que expondré más tarde[174]– recitarán la fórmula de consagración, que también hallarán más adelante. Es conveniente que la escriban o hagan escribir, si no está impresa, y la firmen ese mismo día.

232 Conviene también que paguen en ese día algún tributo a Jesucristo y a su santísima Madre, ya como penitencia por su infidelidad al compromiso bautismal, ya para patentizar su total dependencia de Jesús y de María. Este tributo, naturalmente, dependerá de la devoción y capacidad de cada uno, como –por ejemplo– un ayuno, una mortificación, una limosna o un cirio. Pues, aun cuando sólo dieran, en homenaje, un alfiler, con tal que lo den de todo corazón, sería bastante para Jesús, que sólo atiende a la buena voluntad.

233 Al menos en cada aniversario, renovarán dicha consagración, observando las mismas prácticas durante tres semanas. Todos los meses y aun todos los días pueden renovar su entrega con estas pocas palabras: "Soy todo tuyo y cuanto tengo es tuyo, ¡oh mi amable Jesús!, por María, tu Madre santísima"[175].

2. Rezo de la coronilla

234 Segunda práctica. Rezarán todos los días de su vida –aunque sin considerarlo como obligación– la Coronilla de

---

[174] VD 266-273.
[175] Fórmula inspirada en SAN BUENAVENTURA.

la Santísima Virgen, compuesta de tres *padrenuestros* y doce *avemarías*, para honrar los doce privilegios y grandezas de la Santísima Virgen. Esta práctica es muy antigua y tiene su fundamento en la Sagrada Escritura. San Juan vio una mujer coronada de doce estrellas, vestida del sol y con la luna bajo sus pies (ver Ap 12,1). Esta mujer –según los intérpretes– es María.

235 Sería prolijo enumerar las muchas maneras que hay de rezarla bien. El Espíritu Santo se las enseñará a quienes sean más fieles a esta devoción. Para recitarla con mayor sencillez será conveniente empezar así: "Dígnate aceptar mis alabanzas, Virgen Santísima. Dame fuerzas contra tus enemigos". En seguida rezarás el *Credo*, un *padrenuestro*, cuatro *avemarías* y un *gloria*; todo ello tres veces. Al fin dirás: *Bajo tu amparo...*

3. Llevar cadenillas de hierro

236 Tercera práctica. Es muy laudable, glorioso y útil para quienes se consagran como esclavos de Jesús en María llevar, como señal de su esclavitud de amor, alguna cadenilla de hierro bendecida con una fórmula propia que se ofrece más adelante[176]. Estas señales exteriores no son, en verdad, esenciales, y bien pueden suprimirse aun después de haber abrazado esta devoción. Sin embargo, no puedo menos de alabar en gran manera a quienes, una vez sacudidas las cadenas vergonzosas de la esclavitud del demonio –con que el pecado original y tal vez los pecados actuales los tenían atados–, se han sometido voluntariamente a la esclavitud de Jesucristo y se glorían, con San Pablo, de estar encadenados, por Jesucristo (ver Ef 3,1 y Flm 1.9), con cadenas mil veces más gloriosas y preciosas -aunque sean de hierro y sin brillo- que todos los collares de oro de los emperadores.

---

[176] La medalla y su cadena pueden remplazarlas.

237 En otro tiempo no había nada más infamante que la cruz. Ahora este madero es lo más glorioso del cristianismo. Lo mismo decimos de los hierros de la esclavitud.

Nada había entre los antiguos más ignominioso, ni lo hay entre los paganos. Pero entre los cristianos no hay nada más ilustre que estas cadenas de Jesucristo, porque ellas nos liberan y preservan de las ataduras infames del pecado y del demonio, nos ponen en libertad y nos ligan a Jesús y a María, no por violencia y a la fuerza, como presidiarios, sino por caridad y amor, como a hijos: *Con correas de amor los atraía* (Os 11,4) –dice el Señor por la boca de su profeta–. Estas cadenas de amor son, por consiguiente, fuertes como la muerte (Cant 8,6) y en cierto modo, más fuertes aún para quienes sean fieles en llevar hasta la muerte estas gloriosas preseas. Efectivamente, aunque la muerte destruya el cuerpo reduciéndolo a podredumbre, no destruirá las ataduras de esta esclavitud, que –siendo de hierro– no se disuelven fácilmente, y quizás en la resurrección de los cuerpos, en el gran juicio del último día, estas cadenas, que todavía rodearán sus huesos, constituirán parte de su gloria y se transformarán en cadenas de luz y de triunfo. ¡Dichosos, pues, mil veces los esclavos ilustres de Jesús en María, que llevan sus cadenas hasta el sepulcro!

238 Estas son las razones para llevar tales cadenillas:
1º Para recordar al cristiano los votos y promesas del Bautismo, la renovación perfecta que hizo de ellos por esta devoción y la estrecha obligación que ha contraído de permanecer fiel a ellos. Dado que el hombre, acostumbrado a gobernarse más por los sentidos que por la fe pura, olvida fácilmente sus obligaciones para con Dios si no tiene algún objeto que se las recuerde, estas cadenillas sirven admirablemente al cristiano para traerle a la memoria las cadenas del pecado y de la esclavitud del demonio –de las cuales lo libró el Bautismo– y de la servidumbre que en el Santo Bautismo prometió a Jesucristo y ratificó por la renovación de sus votos. Y una de las razones que explican por qué tan pocos cristianos piensan en los votos del Santo Bautismo

y viven un libertinaje propio de paganos –como si a nada se hubieran comprometido con Dios–, es que no llevan ninguna señal exterior que les recuerde todo esto.

239 2º Para mostrar que no nos avergonzamos de la esclavitud y servidumbre de Jesucristo y que renunciamos a la esclavitud funesta del mundo, del pecado y del demonio.

3º Para liberarnos y preservarnos de las cadenas del pecado y del infierno. Porque es preciso que llevemos las cadenas de la iniquidad o las del amor y de la salvación[177].

240 ¡Hermano carísimo! Rompamos las cadenas de los pecados y de los pecadores, del mundo y de los mundanos, del demonio y de sus secuaces. Arrojemos lejos de nosotros su yugo funesto: *¡Rompamos sus coyundas, sacudamos su yugo!* (Sal 2,3). Mete los pies en su cepo –para usar el lenguaje del Espíritu Santo– y ofrece el cuello a su yugo (BenS 6,25). Inclinemos nuestros hombros y tomemos a cuestas la Sabiduría, que es Jesucristo: *Arrima el hombro para cargar con ella y no te irrites con sus cadenas* (BenS 6,26).

Toma nota de que el Espíritu Santo, antes de pronunciar estas palabras, prepara el alma a fin de que no rechace tan importante consejo, diciendo: *Escucha, hijo mío, mi opinión y no rechaces mi consejo* (BenS 6,26).

241 No lleves a mal, amigo, que me una al Espíritu Santo para darte el mismo consejo: *Sus ataduras son una venda saludable* (BenS 6,24). Como Jesucristo en la cruz debe atraerlo todo hacia Él (Jn 12,32), de grado o por fuerza, atraerá a los réprobos con las cadenas de sus pecados para encadenarlos, a manera de presidiarios y demonios, a su ira eterna y a su justicia vengadora; mientras atraerá -particularmente en estos últimos tiempos- a los predestina-

---

[177] Ver VD 68ss

dos con las cadenas de amor: *Atraeré a todos hacia mí (Jn 12,32); Los atraeré con cadenas de amor* (Os 11,4).

242 Estos esclavos de amor de Jesucristo o *encadenados de Jesucristo* (Ef 3,1) pueden llevar sus cadenas al cuello, en los brazos, en la cintura o en los pies. El P. Vicente Caraffa, séptimo superior general de la Compañía de Jesús -que murió en olor de santidad, en el año 1643-, llevaba, en señal de esclavitud, un aro de hierro en cada pie, y decía que su dolor era no poder arrastrar públicamente la cadena. La Madre Inés de Jesús, de quien hablamos antes[178], llevaba una cadena a la cintura. Otros la han llevado al cuello, como penitencia por los collares de perlas que llevaron en el mundo, y otros, en los brazos, para acordarse, durante el trabajo manual, de que son esclavos de Jesucristo.

4. *Celebración del misterio de la Encarnación*

243 Cuarta práctica. Profesarán singular devoción al gran misterio de la encarnación del Verbo, el 25 de marzo. Este es, en efecto, el misterio propio de esta devoción, puesto que ha sido inspirada por el Espíritu Santo: 1º para honrar e imitar la dependencia inefable que Dios Hijo quiso tener respecto a María para gloria del Padre y para nuestra salvación. Dependencia que se manifiesta de modo especial en este misterio, en el que Jesucristo se halla prisionero y esclavo en el seno de la excelsa María, en donde depende de Ella en todo y para todo; 2º para agradecer a Dios las gracias incomparables que otorgó a María, y especialmente el haberla escogido por su dignísima Madre; elección realizada precisamente en este misterio. Estos son los fines principales de la esclavitud de Jesús en María.

244 Observa que digo ordinariamente: *el esclavo de Jesús en María, la esclavitud de Jesús en María*. En verdad, se puede

---

[178] Ver VD 170.

decir, como muchos lo han hecho hasta ahora: *el esclavo de María, la esclavitud de la Santísima Virgen*. Pero creo que es preferible decir: el esclavo de Jesús en María, como lo aconsejó el Sr. Tronsón[179], superior general del seminario de San Sulpicio, renombrado por su rara prudencia y su consumada piedad, a un clérigo que le consultó sobre este particular. Las razones son éstas:

245 1) Vivimos en un siglo orgulloso, en el que gran número de sabios engreídos, presumidos y críticos hallan siempre algo que censurar hasta en las prácticas de piedad mejor fundadas y más sólidas. Por tanto, a fin de no darles, sin necesidad, ocasión de crítica, vale más decir: *la esclavitud de Jesucristo en María* y llamarse *esclavo de Jesucristo* que esclavo de María, tomando el nombre de esta devoción preferiblemente de su fin último, que es Jesucristo, y no de María, que es el camino y medio para llegar a la meta. Sin embargo, se puede, en verdad, emplear una u otra expresión, como yo lo hago. Por ejemplo, un hombre que viaja de Orleáns a Tours, pasando por Amboise, puede muy bien decir que va a Amboise y que viaja a Tours, con la diferencia, sin embargo, de que Amboise no es más que el camino para llegar a Tours y que Tours es la meta y término de su viaje.

246 2) El principal misterio que se honra y celebra en esta devoción es el misterio de la encarnación. En él Jesucristo se halla presente y encarnado en el seno de María. Por ello es mejor decir *la esclavitud de Jesús en María*, de Jesús que reside y reina en María, según aquella hermosa plegaria de tantas y tan excelentes almas: "¡Oh Jesús, que vives en María, ven a vivir en nosotros con tu espíritu de santidad!, etc."

247 3) Esta manera de hablar manifiesta mejor la unión íntima que hay entre Jesús y María. Ellos se hallan tan

---

[179] Luis Tronsón (1622-1700), a quien Montfort consultó al respecto siendo estudiante.

íntimamente unidos, que el uno está totalmente en el otro: Jesús está todo en María, y María toda en Jesús; o mejor, no vive Ella, sino sólo Jesús en Ella. Antes separaríamos la luz del sol que a María de Jesús. De suerte que a Nuestro Señor se le puede llamar Jesús de María, y a la Santísima Virgen, *María de Jesús.*

248 El tiempo no me permite detenerme aquí para explicar las excelencias y grandezas del misterio de Jesús que vive y reina en María, es decir, de la encarnación del Verbo. Me contentaré con decir en dos palabras que éste es el primer misterio de Jesucristo, el más oculto, el más elevado y menos conocido; que en este misterio, Jesús en el seno de María -al que por ello denominan los santos la *sala de los secretos de Dios*[180] escogió, de acuerdo con Ella, a todos los elegidos; que en este misterio realizó ya todos los demás misterios de su vida, por la aceptación que hizo de ellos: *Por eso, al entrar en el mundo, dice él: "Aquí estoy yo para realizar tu designio..."* (Heb 4,16); que este misterio es, por consiguiente, el compendio de todos los misterios de Cristo y encierra la voluntad y la gracia de todos ellos; y, por último, que este misterio es el trono de la misericordia, generosidad y gloria de Dios.

Es el trono de la misericordia divina con nosotros, porque, dado que no podemos acercarnos a Jesús sino por María, no podemos ver a Jesús ni hablarle sino por medio de Ella. Ahora bien, Jesús, que siempre complace a su querida Madre, otorga siempre allí su gracia y misericordia a los pobres pecadores. *Acerquémonos, por tanto, confiadamente al trono de la gracia...* (Heb 4,16).

Es el trono de su generosidad con María, porque mientras Jesús, nuevo Adán, permaneció en María –su verdadero paraíso terrestre–, realizó en él ocultamente tantas maravillas, que ni los ángeles ni los hombres alcanzan a comprenderlas; por ello, los santos llaman a María la

---

[180] San Ambrosio.

magnificencia de Dios[181], como si Dios sólo fuera magnífico en María (ver Is 33,21).

Es el trono de la gloria que Jesús tributa al Padre, porque en María aplacó Él perfectamente a su Padre, irritado contra los hombres; en Ella reparó perfectamente la gloria que el pecado le había arrebatado; en Ella, por el holocausto que ofreció de su voluntad y de sí mismo, dio al Padre más gloria que la que le habían dado todos los sacrificios de la ley antigua; y, finalmente, en Ella le dio una gloria infinita, que jamás había recibido del hombre.

5. Recitación del Avemaría y del Rosario

249 Quinta práctica. Tendrán gran devoción a la recitación del *avemaría* o salutación angélica, cuyo valor, mérito, excelencia y necesidad apenas conocen los cristianos, aun los mas instruidos. Ha sido necesario que la Santísima Virgen se haya aparecido muchas veces a grandes y muy esclarecidos santos –como Santo Domingo, San Juan de Capistrano o el Beato Alano de la Rupe– para manifestarles por sí misma el valor del *avemaría*. Ellos escribieron libros enteros sobre las maravillas y eficacia de esta oración para convertir las almas. Proclamaron a voces y predicaron públicamente que, habiendo comenzado la salvación del mundo por el *avemaría*, a esta oración está vinculada también la salvación de cada uno en particular; que esta oración hizo que la tierra seca y estéril produjese el fruto de la vida, y que, por tanto, esta oración, bien rezada, hará germinar en nuestras almas la Palabra de Dios y producir el fruto de vida, Jesucristo; que el *avemaría* es un rocío celestial que riega la tierra, es decir, el alma, para hacerle producir fruto en tiempo oportuno, y que un alma que no es regada por esta oración celestial no produce fruto, sino malezas y espinas y está muy cerca de recibir la maldición.

---

[181] Ver VD 6.

250 Esto es lo que la Santísima Virgen reveló al Beato Alano de la Rupe, como se lee en su libro *De dignitate Rosarii* y luego en Cartagena: "Sabe, hijo mío, y hazlo conocer a todos, que es señal probable y próxima de condenación eterna el tener aversión, tibieza y negligencia a la recitación de la salutación angélica, que trajo la salvación a todo el mundo". Palabras tan consoladoras y terribles a la vez, tanto que nos resistiríamos a creerlas si no las garantizara la santidad de este santo varón y la de Santo Domingo antes que él, y después, la de muchos grandes personajes, junto con la experiencia de muchos siglos. Pues siempre se ha observado que los que llevan la señal de la reprobación -como los herejes, impíos, orgullos y mundanos- odian y desprecian el *avemaría* y el rosario.

Los herejes aprenden a rezar el *padrenuestro*, pero no el *avemaría* ni el rosario. A éste lo consideran con horror. Antes llevarían consigo una serpiente que una camándula. Asimismo, los orgullosos, aunque católicos, teniendo como tienen las mismas inclinaciones que su padre, Lucifer, desprecian o miran con indiferencia el *avemaría* y consideran el rosario como devoción de mujercillas, sólo buena para ignorantes y analfabetos. Por el contrario, la experiencia enseña que quienes manifiestan grandes señales de predestinación estiman y rezan con gusto y placer el *avemaría*, y cuanto más unidos viven a Dios, más aprecian esta oración. La Santísima Virgen lo decía al Beato Alano a continuación de las palabras antes citadas.

251 No sé cómo ni por qué, pero es real; no tengo mejor secreto para conocer si una persona es de Dios que observar si gusta de rezar el *avemaría* y el rosario. Digo "si gusta" porque puede suceder que una persona esté natural o sobrenaturalmente imposibilitada de rezarlos, pero siempre los estima y recomienda a otros.

252 Recuerden, almas predestinadas, esclavas de Jesús en María, que el *avemaría* es la más hermosa de todas las oraciones después del *padrenuestro*[182]. *El avemaría* es el más perfecto cumplido que pueden dirigir a María. Es, en efecto, el saludo que el Altísimo le envió, por medio de un arcángel, para conquistar su corazón, y fue tan poderoso –dados sus secretos encantos– sobre el corazón de María, que, no obstante su profunda humildad, Ella dio su consentimiento a la encarnación del Verbo. Con este saludo debidamente recitado, también ustedes conquistarán infaliblemente su corazón.

253 El *avemaría* bien dicha, o sea, con atención, devoción y modestia, es –según los santos– el enemigo del diablo, a quien hace huir, y el martillo que lo aplasta. Es la santificación del alma, la alegría de los ángeles, la melodía de los predestinados, el cántico del Nuevo Testamento, el gozo de la Santísima Virgen y la gloria de la Santísima Trinidad[183].

El *avemaría* es un rocío celestial que hace fecunda al alma, es un casto y amoroso beso que damos a María, es una rosa encarnada que le presentamos, es una perla preciosa que le ofrecemos, es una copa de ambrosía y néctar divino que le damos. Todas estas comparaciones son de los santos.

254 Les ruego, pues, con insistencia y por el amor que les profeso en Jesús y María, que no se contenten con rezar la Coronilla de la Santísima Virgen. Recen también el rosario, y, si tienen tiempo, los quince misterios todos los días. A la hora de la muerte bendecirán el día y la hora en que aceptaron mi consejo. Y después de haber sembrado en las bendiciones de Jesús y de María, cosecharán las bendiciones eternas: *A siembra generosa, cosecha generosa* (2Cor 9,6).

---

[182]   Sobre el Rosario y sus oraciones, ver *El Secreto Admirable del smo. Rosario.*
[183]   Ver SAR 46-48.

6. Recitación del "Magnificat"

255 Sexta práctica. Recitarán frecuentemente el *Magnificat* -a ejemplo de la Beata María d'Oignies y de muchos otros santos- para agradecer a Dios las gracias que otorgó a la Santísima Virgen. El *Magnificat* es el único cántico compuesto por la Santísima Virgen, o mejor, en Ella por Jesucristo, que hablaba por boca de María. Es el mayor sacrificio de alabanza que Dios ha recibido en la ley de la gracia. Es el más humilde y reconocido; a la vez, el más sublime y elevado de todos los cánticos. En él hay misterios tan grandes y ocultos, que los ángeles los ignoran.

Gersón[184] -tan piadoso como sabio-, después de haber empleado gran parte de su vida en componer tratados tan llenos de erudición y piedad sobre materias tan difíciles, no pudo menos de temblar al emprender, hacia el final de su vida, la explicación del *Magnificat*, a fin de coronar con ésta todas sus obras. En un volumen infolio, nos refiere muchas y admirables cosas de este hermoso y divino cántico. Entre otras, afirma que la Santísima Virgen lo rezaba con frecuencia, y particularmente en acción de gracias después de la sagrada comunión.

El sabio Benzonio[185], al explicar el *Magnificat*, refiere muchos milagros obrados por su virtud, y dice que los diablos tiemblan y huyen cuando oyen estas palabras del *Magnificat: El hace proezas con su brazo, dispersa a los soberbios de corazón* (Lc 1,51).

7. Menosprecio del mundo

256 Séptima práctica. Los fieles servidores de María deben poner gran empeño en menospreciar, aborrecer y huir de

---

[184] JUAN GERSÓN (1363-1489).
[185] BENZONIO RUTILIO, obispo de Loreto (+ 1613).

la corrupción del mundo y servirse de las prácticas de menosprecio de lo mundano que hemos indicado en la primera parte[186].

2. PRÁCTICAS PARTICULARES E INTERIORES PARA LOS QUE QUIEREN SER PERFECTOS

257 Además de las prácticas exteriores de esta devoción que acabamos de exponer –no hay que omitirlas por negligencia ni desprecio, en la medida que lo permitan el estado y la condición de cada uno–, existen también prácticas interiores que tienen gran eficacia santificadora para aquellos a quienes el Espíritu Santo llama a una elevada perfección[187].

Todo se resume en *obrar siempre: por María, con María, en María y para María,* a fin de obrar más perfectamente *por Jesucristo, con Jesucristo, en Jesucristo y para Jesucristo.*

1. Obrar por María o conforme al espíritu de María

258 Hay que realizar las propias acciones por María, es decir, es preciso obedecer en todo a María, moverse en todo a impulso del espíritu de María, que es el Santo Espíritu de Dios. *Hijos de Dios son todos y sólo aquellos que se dejan llevar por el Espíritu de Dios* (Rom 8,14). Los que son conducidos por el espíritu de María, son hijos de María y, por consiguiente, hijos de Dios, como ya hemos demostrado[188]. Y, entre tantos devotos de la Santísima Virgen, sólo son verdaderos y fieles devotos suyos los que se dejan conducir por su espíritu.

---

186 Esa "primera parte" ha desaparecido.
187 Ver SM 60; VD 119-226.
188 VD 29-30.

He dicho que el espíritu de María es el espíritu de Dios, porque Ella no se condujo jamás por su propio espíritu, sino por el espíritu de Dios, el cual se posesionó en tal forma de Ella que llegó a ser su propio espíritu. Por ello, las palabras de San Ambrosio: "More en cada uno el alma de María, para engrandecer al Señor; more en cada uno el espíritu de María, para regocijarse en Dios".

¡Qué dichoso quien -a ejemplo del piadoso hermano jesuita Alfonso Rodríguez[189], muerto en olor de santidad- se halla totalmente poseído y es conducido por el espíritu de María! ¡Espíritu que es suave y fuerte, celoso y prudente, humilde e intrépido, puro y fecundo!

259 Para dejarte conducir por el espíritu de María es preciso que:

1º antes de obrar –por ejemplo, antes de orar, celebrar la misa o participar en ella, comulgar, etc.– renuncies a tu propio espíritu, a tus propias luces y voluntad. Porque las tinieblas de tu propio espíritu y la malicia de tu propia voluntad y operaciones son tales que, si las sigues, por excelentes que te parezcan, obstaculizarán al santo espíritu de María;

2º te entregues al espíritu de María para ser movilizado y conducido por él de la manera que Ella quiera. Debes abandonarte en sus manos virginales, como la herramienta en manos del obrero, como el laúd en manos de un tañedor. Tienes que perderte y abandonarte a Ella como una piedra que se arroja al mar; lo cual se hace sencillamente y en un momento con una simple mirada del espíritu, un ligero movimiento de la voluntad o pocas palabras, diciendo, por ejemplo: "¡Renuncio a mí mismo y me consagro a ti, querida Madre mía!" Y, aun cuando no sientas ninguna dulzura

---

[189] San Alfonso Rodríguez (1533-1617), canonizado el 15 de enero de 1888 por León XIII.

sensible en este acto de unión, no por ello deja de ser verdadero; igual que si dijeras -¡no lo permita Dios!- : "Me entrego al diablo", con toda sinceridad, aunque lo digas sin inmutarte sensiblemente, pertenecerías realmente al diablo;

3º durante la acción y después de ella, renueves de tiempo en tiempo el mismo acto de ofrecimiento y unión. Y cuanto más lo repitas, más pronto te santificarás y llegarás a la unión con Jesucristo. Unión que sigue siempre a la unión con María, dado que el espíritu de María es el espíritu de Jesús.

2. Obrar con María o a imitación de María

260 Hay que realizar las propias acciones con María, es decir, mirando a María como el modelo acabado de toda virtud y perfección[190], formado por el Espíritu Santo[191] en una pura creatura, para que lo imites según tus limitadas capacidades[192]. Es, pues, necesario que en cada acción mires cómo la hizo o la haría la Santísima Virgen si estuviera en tu lugar.

Para esto debes examinar y meditar las grandes virtudes que Ella practicó durante toda su vida, y particularmente[193] : 1º su fe viva, por la cual creyó sin vacilar en la palabra del ángel y siguió creyendo fiel y constantemente hasta el pie de la cruz en el Calvario; 2º su humildad profunda, que la llevó siempre a ocultarse, callarse, someterse en todo y colocarse en el último lugar; 3º su pureza totalmente divina, que no ha tenido ni tendrá igual sobre la tierra. Y, finalmente, todas sus demás virtudes.

---

[190] Ver LG 65; Signum Magnum 14-15; MC 37.
[191] Ver LG 56.
[192] María, tan cercana a Dios y tan próxima a nosotros, nos conforta para llegar a un encuentro más íntimo con Cristo.
[193] Ver VD 108.

Recuerda –te lo repito– que María es el grandioso y único molde de Dios apto para hacer imágenes vivas de Dios a poca costa y en poco tiempo. Quien halla este molde y se pierde en él, muy pronto se transformará en Jesucristo, a quien este molde representa perfectamente[194].

3. Obrar en María o en íntima unión con Ella

261 Hay que realizar las propias acciones en María.
Para comprender bien esta práctica es preciso recordar:

1º Que la Santísima Virgen es el verdadero paraíso terrestre del nuevo Adán. El antiguo paraíso era solamente una figura de éste[195]. Hay en este paraíso riquezas, hermosuras, maravillas y dulzuras inexplicables, dejadas en él por el nuevo Adán, Jesucristo. Allí encontró Él sus complacencias durante nueve meses, realizó maravillas e hizo alarde de sus riquezas con la magnificencia de un Dios. Este lugar santísimo fue construido solamente con una tierra virginal e inmaculada, de la cual fue formado y alimentado el nuevo Adán, sin ninguna mancha de inmundicia, por obra del Espíritu Santo que en él habita. En este paraíso terrestre se halla el verdadero árbol de vida, que produjo a Jesucristo, fruto de vida; allí, el árbol de la ciencia del bien y del mal, que ha dado la luz al mundo. Hay en este divino lugar árboles plantados por la mano de Dios, regados por su unción celestial, y que han dado, y siguen dando día tras día, frutos de exquisito sabor. Hay allí jardines esmaltados de bellas y diferentes flores de virtud que exhalan un perfume tal, que embalsama a los mismos ángeles. Hay en este lugar verdes praderas de esperanza, torres inexpugnables de fortaleza, moradas llenas de encanto y seguridad, etc.

Sólo el Espíritu Santo puede dar a conocer la verdad que se oculta bajo estas figuras de cosas materiales.

---

194 Ver SM 16-18; VD 219-221.
195 Aplicación espiritual de Gen 2,8; ver VD 6.

Se respira en este lugar un aire puro e incontaminado de pureza, brilla el día hermoso y sin noche de la santa humanidad, irradia el sol hermoso y sin sombras de la divinidad, arde el horno encendido e inextinguible de la caridad –en el que el hierro se inflama y transforma en oro–, corre tranquilo el río de la humildad, que brota de la tierra y, dividiéndose en cuatro brazos, riega todo este delicioso lugar: son las cuatro virtudes cardinales.

262 2º El Espíritu Santo, por boca de los Santos Padres, llama también a la Santísima Virgen: 1) la *puerta oriental*, por donde entra al mundo y sale de él el Sumo Sacerdote, Jesucristo; por ella entró la primera vez y por ella volverá la segunda; 2) el *santuario de la divinidad*, la mansión de la Santísima Trinidad, el trono de Dios, el altar y templo de Dios, el mundo de Dios. Epítetos y alabanzas muy verdaderos cuando se refieren a las diferentes maravillas y gracias que el Altísimo ha realizado en María (ver Ez 44,1-3; Sal 87 [86],1; Is 6,1-4.

¡Qué riqueza! ¡Qué gloria! ¡Qué delicia! ¡Qué dicha! ¡Poder entrar y permanecer en María, en quien el Altísimo colocó el trono de su gloria suprema!

263 Pero ¡qué difícil es a pecadores como nosotros obtener el permiso, capacidad y luz suficientes para entrar en lugar tan excelso y santo, custodiado ya no por un querubín –como el antiguo paraíso terrenal–, sino por el mismo Espíritu Santo, que ha tomado posesión de él y dice: ¡*Eres jardín cerrado, hermana y novia mía; eres jardín cerrado, fuente sellada!* (Cant 4,12). ¡María es jardín cerrado! ¡María es fuente sellada! ¡Los miserables hijos de Adán y Eva, arrojados del paraíso terrenal, no pueden entrar en este nuevo paraíso sino por una gracia excepcional del Espíritu Santo que ellos deben merecer[196].

---

[196] Ver SM 52, nota.

264 Después de haber obtenido, mediante la fidelidad, esta gracia insigne, te es necesario permanecer encantado en el hermoso interior de María, descansar allí con seguridad y perderte en él sin reserva, a fin de que en este seno virginal: 1- te alimentes con la leche de la gracia y misericordia maternal de María; 2- te liberes de toda turbación, temor y escrúpulo; 3- te pongas a salvo de todos tus enemigos: demonio, mundo y pecado, que jamás pudieron entrar en María. Por esto dice Ella misma: *Los que obran por mí no pecarán* (BenS 24,30)[197]; esto es, los que permanecen espiritualmente en la Santísima Virgen no cometen pecado considerable; 4- te formes en Jesucristo, y Jesucristo sea formado en ti. Porque el seno de María -dicen los Padres- es la sala de los sacramentos divinos, donde se han formado Jesucristo y todos los elegidos: *Uno por uno, todos han nacido en Ella* (Sal 87 [86],5[198].

4. Obrar para María o al servicio de María

265 Finalmente, hay que hacerlo todo para María.

Estando totalmente consagrado a su servicio, es justo que lo realices todo para María, como lo harían el criado, el siervo y el esclavo respecto de su patrón. No que la tomes por el fin último de tus servicios –que lo es únicamente Jesucristo–, sino como el fin próximo, ambiente misterioso y camino fácil para llegar a Él.

Conviene, pues, que no te quedes ocioso, sino que actúes como el buen siervo y esclavo. Es decir, que, apoyado en su protección, emprendas y realices grandes empresas por esta augusta Soberana. En concreto, debes defender sus privilegios cuando se los disputan; defender su gloria cuando la atacan; atraer, a ser posible, a todo el mundo a su servicio y a esta verdadera y sólida devoción; hablar y

---

[197] Ver VD 175.
[198] Ver VD 32.

levantar el grito contra quienes abusan de su devoción para ultrajar a su Hijo y –al mismo tiempo– establecer en el mundo esta verdadera devoción; y no esperar, en recompensa de tu humilde servicio, sino el honor de pertenecer a tan noble Princesa y la dicha de vivir unido, por medio de Ella, a Jesús, su Hijo, con lazo indisoluble en el tiempo y la eternidad.

¡GLORIA A JESÚS EN MARÍA!
¡GLORIA A MARÍA EN JESÚS!
¡GLORIA A SÓLO DIOS!

CAPÍTULO VI

PRÁCTICA DE ESTA DEVOCIÓN EN LA SAGRADA COMUNIÓN

1. ANTES DE LA COMUNIÓN

266 *1.* Humíllate profundamente delante de Dios.

2. Renuncia a tus malas inclinaciones y a tus disposiciones, por buenas que te las haga ver el amor propio.

3. Renueva tu consagración, diciendo: "Soy todo tuyo, ¡oh María!, y cuanto tengo es tuyo"[199].

4. Suplica a esta bondadosa Madre que te preste su corazón para recibir en él a su Hijo con sus propias disposiciones. Hazle notar cuánto importa a la gloria de su Hijo que no entre en un corazón tan manchado e inconstante como el tuyo, que no dejaría de menoscabar su gloria y hasta llegaría a apartarse de El. Pero que, si Ella

---

[199] VD 233.

quiere venir a morar en ti para recibir a su Hijo, puede hacerlo, por el dominio que tiene sobre los corazones[200] , y que su Hijo será bien recibido por Ella, sin mancha ni peligro de que sea rechazado: *Teniendo a Dios en medio, no vacila*[201] .

Dile con absoluta confianza que todos los bienes que le has dado valen poco para honrarla. Pero que por la sagrada comunión quieres hacerle el mismo obsequio que le hizo el Padre eterno; obsequio que la honrará más que si le dieses todos los bienes del mundo.

Dile, finalmente, que Jesús, que la ama en forma excepcional, desea todavía complacerse y descansar en Ella, aunque sea en tu alma, más sucia y pobre que el establo de Belén en donde Jesús se dignó nacer, porque allí estaba Ella. Pídele su corazón con estas tiernas palabras: *¡Tú eres mi todo, oh María; préstame tu corazón!* (Ver Sal 4,10)[202] .

2. EN LA COMUNIÓN

267 Dispuesto ya a recibir a Jesucristo, después del *padrenuestro* le dirás tres veces: *Señor, no soy digno,* etc.; como si dijeses la primera vez al Padre eterno que no eres digno de recibir a su Hijo a causa de tus malos pensamientos e ingratitudes para con un Padre tan bueno; pero que ahí está María, su esclava, que ruega por ti y te da confianza y esperanza singulares ante su Majestad: *Porque tú solo me haces vivir tranquilo* (Sal 4,10).

268 Al Hijo le dirás: *Señor, no soy digno,* etc.; que no eres digno de recibirle a causa de tus palabras inútiles y malas y de tu infidelidad en su servicio, pero que, no obstante, le

200   VD 205-206.
201   Asociación de Jn 19,27 y Prov 23,26.
202   Ver VD 205-206

suplicas tenga piedad de ti, que le introducirás en la casa de su propia Madre, que es también tuya, y que no le dejarás partir hasta que venga a habitar en ella: *Lo agarré, y ya no lo soltaré hasta meterlo en la casa de mi madre, en la alcoba de la que me llevó en sus entrañas* (Cant 3,4). Ruégale que se levante y venga al lugar de su reposo y al arca de su santificación: *Levántate, Señor; ven a tu mansión, ven con el arca de tu poder* (Sal 131 [130],8). Dile que no confías lo más mínimo en tus méritos, ni en tus fuerzas y preparación - como Esaú-, sino en los de María, tu querida Madre -como el humilde Jacob en los cuidados de Rebeca-; que, por muy pecador y Esaú que seas, te atreves a acercarte a su santidad apoyado y adornado con los méritos y virtudes de su santísima Madre[203].

269 Al Espíritu Santo le dirás: *Señor, no soy digno;* que no eres digno de recibir la obra maestra de su amor a causa de la tibieza y maldad de tus acciones y de la resistencia a sus inspiraciones, pero que toda tu confianza está en María, su fiel Esposa. Dile con San Bernardo: "Ella es mi suprema confianza y la única razón de mi esperanza". Puedes también rogarle que venga a María, su indisoluble Esposa. Dile que su seno es tan puro y su corazón está tan inflamado como nunca, y que, si no desciende a tu alma, ni Jesús ni María podrán formarse en ella ni ser en ella dignamente hospedados.

3. DESPUÉS DE LA SAGRADA COMUNIÓN

270 Después de la sagrada comunión, estando recogido interiormente y cerrados los ojos, introducirás a Jesucristo en el corazón de María. Se lo entregarás a su Madre, quien lo recibirá con amor, lo tratará como Él lo merece, lo adorará con todo su ser, lo amará perfectamente, lo abrazará estrechamente y le rendirá en espíritu y verdad muchos

---

[203] Ver VD 205-206.

obsequios que desconocemos a causa de nuestras espesas tinieblas.

271 O te mantendrás profundamente humillado dentro de ti mismo, en presencia de Jesús que mora en María. O permanecerás como el esclavo a la puerta del palacio del Rey, quien dialoga con la Reina. Y mientras ellos hablan entre sí, dado que no te necesitan, subirás en espíritu al cielo e irás por toda la tierra a rogar a las creaturas que den gracias, adoren y amen a Jesús y a María en nombre tuyo: *Vengan, adoremos*, etc. (Sal 94 [93],6).

272 O pedirás tú mismo a Jesús, en unión con María, la llegada de su reino a la tierra por medio de su santísima Madre, o la divina Sabiduría, o el amor divino, o el perdón de tus pecados, o alguna otra gracia, pero siempre por María y en María, diciendo mientras fijas los ojos en tu miseria: *No mires, Señor, mis pecados* (ver Sal 51 [50],11), sino las virtudes y méritos de María. Y, acordándote de tus pecados, añadirás: *Es obra de un enemigo* (Mt 13,28). Yo soy mi mayor enemigo, yo cometí esos pecados. O también: *Sálvame del hombre traidor y malvado* (Sal 43 [42],1), que soy yo mismo. O bien: "Jesús mío, conviene que tú crezcas en mi alma y que yo disminuya" (ver Jn 3,30). María, es necesario que tú crezcas en mi alma y que yo sea menos que nunca. *Crezcan y multiplíquense* (Gén 1,28). ¡Oh Jesús! ¡Oh María! ¡Crezcan en mí! ¡Multiplíquense fuera, en los demás!

273 Hay mil pensamientos más que el Espíritu Santo sugiere, y te sugerirá también a ti, si eres de verdad hombre interior, mortificado y fiel a la excelente y sublime devoción que acabo de enseñarte. Pero acuérdate de que cuanto más permitas a María obrar en tu comunión, tanto más glorificado será Jesucristo. Y de que tanto más dejas obrar a María para Jesús, y a Jesús en María, cuanto más profundamente te humilles y los escuches en paz y silencio, sin inquietarte por ver, gustar o sentir. Porque el justo vive en todo de la fe, y particularmente en la sagrada comunión, que es acto de fe: *Mi justo vive de su fidelidad* (Heb 10,38).

Made in the USA
Middletown, DE
27 October 2023

41442033R00088